男孩要有好成绩

让男孩学习更高效的方法和技巧

北京理工大学出版社
BEIJING INSTITUTE OF TECHNOLOGY PRESS

图书在版编目（CIP）数据

男孩要有好成绩：让男孩学习更高效的方法和技巧 / 董亚兰，郭志刚编著. —北京：北京理工大学出版社，2018.5（2019.9重印）
ISBN 978-7-5682-5404-5

Ⅰ. ①男… Ⅱ. ①董… ②郭… Ⅲ. ①中小学生—学习方法 Ⅳ. ① G632.46

中国版本图书馆 CIP 数据核字 (2018) 第 049571 号

出版发行 / 北京理工大学出版社有限责任公司
社　　址 / 北京市海淀区中关村南大街 5 号
邮　　编 / 100081
电　　话 /（010）68914775（总编室）
（010）82562903（教材售后服务热线）
（010）68948351（其他图书服务热线）
网　　址 / http: //www. bitpress. com. cn
经　　销 / 全国各地新华书店
印　　刷 / 三河市华骏印务包装有限公司
开　　本 / 880 毫米 ×1230 毫米　1/32
印　　张 / 6
字　　数 / 130 千字
版　　次 / 2018 年 5 月第 1 版　2019 年 9 月第 2 次印刷
定　　价 / 25. 00 元

责任编辑 / 王美丽
文案编辑 / 孟祥雪
责任校对 / 周瑞红
责任印制 / 施胜娟

会学习的男孩“有出息”

人生本来就是一个学习的过程，从呱呱坠地到长大成人，我们都需要通过学习来了解这个世界。只有好好学习，我们才能汲取更多知识，不断完善自己，让自己的生活更充实、更美好。

21世纪是知识经济时代，想要在成年后迅速适应社会、有所作为，我们就要自主学习、持续学习，既学习书本知识，也积累社会知识，努力给自己充电，获取更多有价值的信息，如此才有可能在激烈的社会竞争中胜出。

男孩想要成为强者、独当一面，最好的方法就是学习，因为“一个人的实力绝大部分来自学习。”无论是智慧、实践能力、思维还是健康的身心，都是我们不断学习和积累的成果。

古希腊一位智者曾说：“不断认识自己的无知是人类获得智慧的表现。”而学习更容易让我们认识到自己的无知和不足。所以，学习好比照镜子的过程，能够帮助我们正衣冠、端品行。在学习的过程中，我们的世界观、人生观、价值观会不断得到修正，我们的品行会一点点被完善，如此，我们才能成长为堂堂正正的男子汉，骄傲自信地行走于人世间。

春秋时期的著名乐师师旷曾说：“少而好学，如日出之阳；壮而好学，如日中之光；老而好学，如炳烛之明。炳烛之明，孰与昧行乎。”这是说，学习好比太阳和灯火，能够帮助我们指明人生的方向，让我们实现自己的人生价值。成长之路漫长而布满荆棘，面对艰难困苦和十字路口，我们有时会迷茫、不知所措，而学习可以开启我们智慧的大门，让我们在其中找到正确的方向。

英国物理学家牛顿曾说：“如果说我比别人看得更远些，那是因为我站在了巨人的肩膀上。”站在巨人的肩膀上，我们能看到更远的地方，而所谓巨人的肩膀，就是前辈们的学识和智慧。可见，学习好比一把开启智慧之锁的钥匙，能够帮助我们打开一扇扇宽敞的知识大门，让我们看到更宽阔、更美丽的世界。

通过学习，我们得到的不仅是渊博的知识，还有高尚的品行、健康的身心。男孩们准备好开启学习之旅、成为强者了吗？

这是一本专门为男孩打造的学习用书，书中从学习力、学习计划、预习、听课、复习、作业、学习方法、应试技巧、阅读习惯等方面逐一讲述帮助男孩提高学习兴趣、提升学习能力的理论和方法。此外，书中还有趣味横生的小故事，能够让男孩快乐阅读、快乐学习。

编　者

第三章

在学习上不打无准备之仗——课前预习助男孩赢在起点上

第四章

要想学得好就要会听课——让你事半功倍的课堂听课法

第五章

不要让知识在课后溜掉——男生要掌握的有效复习方法

第六章

和“作业”交朋友——作业是提升学习能力的有效途径

第七章

研究一套“学习大法”——方法正确才能学得又快又好

第八章

是考验也是进步的契机——男孩要掌握的应考技巧

第九章

好学生都爱读书——良好的阅读习惯让男孩受益终生

第一章

会学习的男孩“有出息”

——学习力是男孩最重要的本领

学习是学生的天职，更是一个人成就人生的不二之路。作为男孩，要想不断进步、不断成功，就必须保持良好的学习习惯，培养自己持续不断的学习力。青春期是男孩生命的黄金时期，也是男孩学习力最旺盛的时期。在这一时期，如果能够培养良好的学习习惯、树立正确的学习态度、拥有明确的学习目标，加之适宜的学习环境，男孩一定能够成为一个“有出息”的人。

有好的学习习惯，男孩的未来更光明

习惯可以改变一个人的生活，同样，它对学习也会产生巨大的影响，良好的学习成绩需要良好的学习习惯。因此作为男孩，一定要培养自己良好的学习习惯，以更加轻松、高效地应对学习。

习惯是一种神奇的力量，它常常可以伴随一个人的一生，并发挥重要作用。青春期正是一个人成长的黄金时期，在这一时期养成的学习习惯对于男孩来说，更是具有影响一生的重要作用。因此，正处在青春期的男孩一定要注意培养良好的学习习惯，让自己在学习中更加游刃有余。

☆☆☆

男孩阳阳今年11岁，是一名小学五年级的学生。

阳阳早晨起来背着书包直接就去学校了。上课后，老师要检查昨天的作业。阳阳翻遍了书包，也找不出作业本。他告诉老师，昨天下午他是在妈妈的监督下完成作业的。老师让他回家后找一找，阳阳放学后回到家果真在书桌上找到了作业本。

这样的事发生在阳阳的身上已经不是一两次了，不是今天忘带作业本，就是明天忘带课本。阳阳每天都在寻找自己的作业本和课本，总是稀里糊涂的。

阳阳在生活中丢三落四的习惯已经影响到了自己的学习成绩。每次考试之前，老师都会告诉大家，做完了的题目要反复检查。可是阳阳都是一遍过，根本没有耐心再去检查。结果每次分都丢在了细节处，能答对的数学题，他运算错误；能写正确的汉字，他多一划或少一笔。

眼看着阳阳还有一年就要考初中了，妈妈心里很着急。妈妈告诉阳阳，“只有有一个好的学习习惯，你才能考上重点中学。”阳阳也渴望自己能去最好的学校上初中，但是他的这种学习习惯不是一时半会儿就能改过来的。

☆☆☆

故事中的男孩阳阳经常丢三落四，做完作业也从来不知道检查，考试做题也非常粗心，这说明他的学习习惯有很大的问题。因为他的学习习惯，他的学习成绩受到非常大的影响。但是，习惯的养成不是一朝一夕的事，所以，对于习惯，男孩要做到防患于未然，趁早养成正确的学习习惯，这样才能更好地成长并取得成功。

冰冻三尺非一日之寒，习惯也是如此。好的学习习惯能够让人受益终生，因为好习惯不仅能够帮助男孩取得好成绩，还能够在生活等多个方面帮助男孩变得更加优秀。因此，男孩一定要培养良好的学习习惯。

☆☆☆

男孩小光今年上初中二年级。

小光在初中一年级的时候，学习成绩并不好。在老师悉心的指导下，小光发现了自己问题的源头。

小光上课时，只注重课堂上听讲，从不做笔记，课前也不预习，就更别说课后复习了。

意识到自己的问题后，小光决定改变学习方式。进入初中二年级后，小光开始做笔记、课前预习、课后复习。进行了一段时间后，小光有点坚持不住了。随着课程节奏的加快，要做到提前预习，就要每天晚上熬夜看书，这导致他第二天在课堂上会不知不觉地睡着。课后的复习更是没有时间去完成。这样反而降低了学习效率。

小光不想坚持了，他想像以前那样轻轻松松地学习。妈妈看着急躁的小光对他说："一个好的学习习惯的养成，需要一个漫长的过程。你要有足够的耐心，千万不能三天打鱼两天晒网。"

小光听了妈妈的话，默默地坚持着。一个月以后，小光发现自己已经适应了这种紧张的学习节奏，而且学习效率也提高了。即使预习他也不会像最初那样，需要去熬夜；复习的时间也空余出来了，不用那么累了。

小光对自己即将到来的初三生活充满了信心，他相信自己一定会考入重点高中。

☆☆☆

故事中的小光在意识到自己的学习习惯有问题后，立即对自己的学习习惯做出了调整。但是习惯了比较散漫学习方式的小光，一时之间不能承受突然加快的学习节奏。好在经过一段时间的适应，他慢慢适应了学习节奏，不再感到那么紧张了。

学习习惯也要根据学习的阶段、学习的情况而改变。学习习惯的养成不仅需要漫长的时间，也需要付出极多的心血，因此，男孩要明白欲速则不达。

作为男孩，首先，要有养成学习习惯的意识，不能忽略学习中的每一个小习惯。俗话说，习惯成自然，有时候不经意的一个小动作，长期坚持也会成为一种习惯。如果是一个不好的小动作，就有可能会演变成一个坏习惯。因此，男孩要树立起培养学习习惯的意识，认真审视自己在学习中的每一个动作，从小处着眼，培养良好的学习习惯。

其次，男孩要懂得，学习习惯的养成不是一朝一夕的事，培养习惯一定要有耐心，要认真付出时间。因此，男孩一定要有坚持不懈的精神，相信在时间的作用下，良好的学习习惯一定能够养成。

最后，男孩还要懂得学习习惯也需要不断地调整和改变。养成良好习惯的过程也是不断审视自我、发现自我并改正不良习惯的过程。因此，男孩要在学习的过程中及时发现自己学习习惯中存在的问题。当然，也要具备改变的勇气，这就需要男孩具有承认错误、反省自己的能力。由此可以看出，习惯的养成是各种能力综合作用的结果。

好的学习习惯不仅能够帮助男孩取得优秀的成绩，也能帮助男孩在人生道路上取得更大的成就。为了美好的未来，男孩要学会培养良好的学习习惯，帮助自己成就精彩人生。

男孩要明白“我是为了谁而学习”

学习的目的是什么？有的男孩说，是为了拿到第一名；有的男孩说，是为了获得父母的奖励；也有的男孩说，是为了自己的前程。

曾经一句“为中华之崛起而读书”让一个小小的男孩闻名中外。而这个“为中华之崛起”的梦想，也支撑着他成为一代总理，让他为我们的国家和民族付出一生的心血。由此可见，学习的目的对一个人的影响之深远。因此作为男孩，必须要明白自己是为了谁而学习。

☆☆☆

男孩小龙今年读初中一年级。小龙从小就不喜欢说话，上了初中以后更是寡言少语。

他内向的性格引起了班主任的注意。有一次，班主任特意把小龙叫到办公室谈心。班主任告诉小龙，要和其他同学多接触、多交流，这有利于提高自己的学习成绩。

班主任的关怀让小龙对自己充满了信心，特别是在班主任的课上，他总是第一个举手发言。为了不让班主任失望，他也很用心地学习其他课程。

期中考试，小龙考了全班第二。但就在这时，他的班主任被校领导调到了重点班去当班主任了。班主任的离去让小龙很失落，一想到以后再没有人鼓励自己学习了，他就会流下伤心的眼泪。

以后的日子里，小龙变得无精打采，上课不是发呆就是跑神儿，和同学的来往也少了，整天闷闷不乐。渐渐地，小龙开始厌学，最后开始逃课。

新来的班主任知道这个情况后，告诉了小龙的父母。妈妈知道小龙因为原来的班主任调走后，不爱学习了，语重心长地告诉小龙，“孩子，你要明白，你是为了你自己而学习，而不是为了班主任而学习。”

小龙听了妈妈的话，默默地点了点头，好像明白了什么。

☆☆☆

故事中的小龙因为受到班主任的鼓励而对学习充满了兴趣，他的成绩也开始有了很大的起色。但是随着班主任的调走，小龙的学习热情也很快褪去。这样其实是不对的，因为他将学习的目的变成为了班主任而学习，班主任的鼓励成了他的精神支柱，一旦失去了这个精神支柱，小龙的学习热情便受到了影响。正如小龙妈妈所说，学习是为了自己，而不是为了班主任，也不是为了其他任何人。

学习是为了让自己能够获取更多的知识，让自己变得更加优秀和强大，进而为进入社会更好地工作和生活打下基础。作为男孩，必须要有担当。一个有担当的人首先必须学会对自己负责，而学习也是对自己负责的行为。所以，男孩更应该明白，学习是为了自己。

☆☆☆

男孩多多是一名初中一年级的学生。他是独生子，因此父母一直很宠爱他，什么事都由着他。唯独在学习的问题上，父母从来不由着他。

期中考试成绩出来以后，爸爸去给多多开家长会。多多以为爸爸看了他那可怜巴巴的分数，是不会生气的。

爸爸开完家长会，回到家中，看见多多正在玩游戏，生气地将多多狠狠地揍了一顿，并批评多多不好好学习，就知道玩。

多多可伤心了，他把书包里面的书都丢在了地上，哭着说他不给爸爸读书了。妈妈看着眼睛红肿的多多，告诉他，“你不是在给我们读书，你是在为你自己读书。”

“不，是你们让我读书的。”多多委屈地说。

“我们让你读书是为了让你长大后成为一个有用的人。”妈妈的话让13岁的多多不哭了，他也认识到了自己的错误，明白了读书是为了自己，而不是父母。

从那以后，多多越来越重视学习了。每当他想偷懒，不好好学习的时候，他总会记起妈妈说过的那句话，他要为自己的美好未来而努力学习。

☆☆☆

故事中的多多学习不够认真，考试成绩也不好。但是当父亲批评他的时候，他却以是父母让自己读书为由而向父母表达意见。多多妈妈教育他，读书是为了让自己成为一个有用的人，因此人应该为自己而读书学习。在妈妈的教育下，多多开始有了转变。

很多男孩就像故事中的多多一样，将读书当作父母施加给自己的任务，带着深深的不满，将学习看作一个包袱。但其实这样的心态本身就有问题。学习并不是父母分配给孩子的任务，也不是人生的负担，而是一个人为了自己的未来不断努力、积累经验的方式。

为了自己而学习，这不是一句口号，而是一种负责任的态度。一个男孩如果懂得学习是为了自己，就会调整好自己的心态，对学习给予足够的重视，也会在学习中投入大量的时间和精力，这样取得的结果也会大大不同。

为了自己而学习，男孩就应该对自己负起责任，用自己的双手让自己今后的人生更加精彩和成功。为了自己而学习，是不再为自己的懒惰和无知找借口，是不再将自己人生的希望寄托在他人的身上，也是正视自己的价值、为了自己而奋斗！因此，作为男孩，必须要懂得学习是为了自己！

为了自己而学习，作为男孩，首先要做到对自己的学习、未来和生活有清晰的认识和规划，明白自己要成为一个怎样的人，这样才能为自己的努力找到方向，让自己的学习更加有方向和更加有动力。

其次，要在学习中多多依靠自己，而不要将原本属于自己该负的责任推脱到别人身上。比如有的男孩早晨上学迟到，明明是自己赖床不肯起来，反而要责怪父母没有及时叫醒自己。学习中的每一件事都应该由自己负责，而不能将原本属于自己的责任推脱给别人。

最后，男孩要做到自己承担任何后果。既然学习是为了自己，那么关于学习的任何后果也应该由自己承担。

男孩要注重培养学习兴趣

兴趣是最好的老师，这句话虽然耳熟能详，但是如何顺利地与“兴趣”这位老师在学习中接轨才是最大的难点。

学习也需要调动自己的兴趣，尤其对正处于青春期的男孩而言，兴趣是一切动力的源头。没有兴趣，学习内容会变得索然无味，学习也就成为了对男孩的一种强迫。兴趣是学习的调味剂，能够让学习生活变得更加有趣、有意义，也能提高学习效率，增强学习效果，帮助男孩做到事半功倍。

☆☆☆

男孩文文是一名小学五年级的学生。

文文每天最喜欢做的事，就是和小伙伴一起玩耍。特别是在周末，只有在吃饭的时间段，你才可以看到他。

一提到做作业，他总是推三阻四的。妈妈问文文：“你最大的爱好是什么？”

“只要不是学习，我都喜欢。”文文告诉妈妈。

“兴趣是最好的老师，你如果把你贪玩儿的心用在学习上，学习成绩好起来，自然而然就会感觉到学习的乐趣。”妈妈说道。

听了妈妈的话，文文很困惑。他认为学习就是枯燥的，哪里还有兴趣可言。老师每天都安排那么多的作业，写都写不完。一想到这些，文文反而厌烦起了学习。

文文依然每天把心思花在玩乐上，只有无忧无虑玩耍时，文文才是最快乐的。但是一想到越来越接近的期中考试，文文皱起了眉头。在妈妈的严厉看管下，文文减少了外出玩耍的时间，乖乖地待在家里看书、写作业。尽管如此，在最后的期中考试中，他依然考得很差劲。

☆☆☆

故事中的男孩文文缺乏对学习的兴趣，这导致他对学习没有热情，影响到了学习成绩。文文认为学习是一件特别枯燥的事情，没有任何乐趣可言，因此对学习一直提不起任何兴趣。如此一来，无法投入学习的文文自然成绩不会好。

学习需要兴趣的引导，但是兴趣也并非完全天生，很多时候兴趣需要男孩自己发现和发掘。

生活中不是缺少美，而是缺少发现美的眼睛，学习的兴趣也是如此，兴趣的培养也需要正确方式的引导。作为男孩，要树立培养自己学习兴趣的意识，帮助自己在看似枯燥无味的学习中找到乐趣，让自己能够在学习生活中变得更加轻松、有热情。

☆☆☆

男孩嘉嘉今年刚上初中一年级。

嘉嘉上小学的时候，就对语文课本里的那些故事、人物事迹特别着迷，闲暇的时间里，他自己也会找一些小人书看一看。

现在上了初中，语文老师生动的讲课方式，让嘉嘉甚是喜欢。有一次，学校里有一个征文比赛，嘉嘉积极地报名参加了。嘉嘉认为自己的作品一定会获奖，但结果却出乎他的意料。嘉嘉的作品相比班上其他同学的，还是有一定的差距的。

嘉嘉心里有点儿难过，他想着自己看了那么多的课外读物，还是写不好作文，所以对班上得奖的同学很不服气。但是当他看了同学的作品后，他认识到自己错了。课外读物看得多，不一定会写好作文，写好作文也是需要技巧的。

一次小小的失败，反而让嘉嘉更喜欢写作了。他找出自己的不足之处，在语文老师讲解作文时，留心仔细地听讲。对于语文老师提出的一些好的建议，他还做了笔记。

嘉嘉还找来和参赛作文题目类似的文章，学习其他人是怎么写的，找出自己的不足之处，发现他人的优点，来弥补自己写作文的短板。

嘉嘉对文字的热爱和坚持，让他的语文成绩在班里一直名列前茅。

☆☆☆

故事中的男孩嘉嘉从小学就对写作文有浓厚的兴趣，在这种兴趣的促使下，他开始努力学习，在写作上花费时间和精力。正是凭借自己的兴趣，他一直积极寻找办法弥补自己的不足；也是依靠自己的努力，嘉嘉的语文成绩一直名列前茅。

兴趣是最好的老师，也是最大的“生产力”，因为兴趣是一种单纯而且强大的力量，不带有功利性，也没有强制性。在兴趣的引导下，男孩将所有的注意力都放在学习本身这件事上。一旦全心全意投入到一件事上，男孩成功的概率自然也会大大提高。

作为男孩，如何培养自己的学习兴趣，让学习不再那么枯燥乏味？这里有几点建议。

首先，男孩要从心理上接受学习，而不是将学习看作一个包袱，带着负担和怨念学习。学习本身是一个增长知识、提高自己的过程，如果不能调整好自己的心态，就无法以非常好的状态去接受知识，这对自己的成长和提高都是非常不利的。因此，在培养学习兴趣之前，先要学会调整自己的心态，放下自己对学习这件事的“偏见”，用轻松、愉快的心态来面对学习，效果自然会不一样。

其次，兴趣的培养需要引导，男孩要学会给自己寻找“成就感”。兴趣就像一朵花，要想让它生根、发芽、开花结果，就必须不断为其提供养分。每个人都需要鼓励，都需要成就感，培养兴趣亦是如此。这种成就感会带给男孩莫大的自信，而自信会驱使男孩继续努力，将更多的热情投入到学习上。因此，在学习中，男孩可以设立一些小目标，每当完成一个目标时，自然会产生成就感。在这种成就感的鼓励下，学习会变成一件有回报的、值得喜悦的事，随着时间的推移，自然也会产生真正的兴趣。

最后，男孩要学会将学习的过程变成一种享受的过程。很多男孩之所以对学习充满排斥感，是因为从一开始就把学习看作一个任务、一种负担，并没有真正将自己融入学习，没有体验到学习的快乐和乐趣。男孩如果能够将学习的过程变成一种享受，在学习的过程中，感受自己的变化和学习内容的乐趣，慢慢地将学习变成生活的一部分，就会逐渐培养自己的学习兴趣，取得进步。

男孩的好成绩离不开正确的学习态度

态度决定一个人的高度，学习也是如此。男孩的学习态度会影响男孩在学习过程中的状态。良好的学习态度能够帮助男孩在学习的过程中及时发现自己的问题，也能够帮助男孩正视自己的问题。只有先发现问题，才能及时解决问题。正确的学习态度也是解决问题的关键。因此作为男孩，要想取得良好的学习成绩，就要树立正确的学习态度。

☆☆☆

男孩小东今年上初中一年级。他每一次的考试成绩都很不理想，因此老师总是说他学习态度不端正。

小东上了初中以后，在学习上表现得很自由。早自习他想朗读就读一会儿，不想读就趴在桌子上睡觉。课堂上，只有对某一位老师的课感兴趣了，他才会全神贯注地听。

对待作业他也是敷衍了事，只有听到老师要检查作业，他才会用心地去完成。平时同学们为记英语单词，已经写了好几个作业本了，而他的作业本还是全新的。每当老师听写单词时，他就买零食讨好同桌，抄同桌的单词。

数学老师每次讲完课，都会告诫大家把做错的题目改正过来，小东却总是左耳朵进，右耳朵出，从来不把数学老师的要求当回事。错了的题目，他从来不看。

每一次考试之前，同学们都在争分夺秒地努力复习，小东却认为自己课堂上学到的东西足够应付考试，于是就干起了自己喜欢的事。

由于小东对待学习总是得过且过，因此在期末考试中他多门课程都未及格。这时他才意识到老师说他没有正确的学习态度的正确性。

☆☆☆

故事中的男孩小东不端正的学习态度导致自己的成绩受到很大影响。因为没有正确的学习态度，他在学习的过程中缺乏动力，也没有自我监督的能力，最终在考试中尝到了苦头。

一个人的态度决定了他在做事时付出的努力程度。良好的态度是一种认真，能够帮助自己做到最好；良好的态度是一种严谨，能够帮助自己防患于未然，将许多不该出现的低级错误及时遏制；良好的态度是一种动力，促使人每天都以积极、阳光的姿态投入到学习和生活中。只有在正确态度的指引下，男孩才能学会认真对待学习。

☆☆☆

男孩小刚今年上初中二年级，在班里一直名列前茅。能够始终保持一个好成绩，对于小刚来说，源于有一个正确的学习态度。

从小刚上小学时，他的父母就告诉他，上课的时候一定要认真听讲。虽然只是简简单单的一句话，却深深地印在了小刚的脑海里。

初中学习任务重，除了上课认真听讲外，小刚还对自己的学习进行了细致的规划。

首先，对于老师明天要讲到的内容，进行预习，把自己理解不了的内容标上记号，在老师讲课的过程中，作为重点去听。

其次，准备一个错题本，尤其是把那些自己经常会做错的题目记录在里面，反复练习。

最后，要注重复习。记忆是有阶段性的，时间长了难免会把学过的内容忘掉。唯有经常复习，才会把知识点牢记于心。

小刚还是个很谦虚的男孩。遇到较难的题目，自己实在解决不了，他就会主动去请教班上的其他同学。如果对方也解决不了，他就去请教老师，直到完全弄懂为止。然后他再讲给班上的其他同学听。

有了正确的学习态度，学习起来往往事半功倍。

☆☆☆

故事中的小刚从小树立了正确的学习态度，对待学习严肃认真、细致耐心。在正确的学习态度的影响下，他养成了良好的学习习惯。因此，取得一个好成绩便是水到渠成的事情。由此可以看出，学习态度对学习成绩的影响十分重要。

态度决定一切。如果一个人从一开始就能用正确的态度对待自己所做的每一件事情，那么必然会采取相应的措施来完成自己的目标。因此，男孩要想取得良好的成绩，必须树立正确的学习态度。

作为男孩，首先，要意识到学习的重要性。男孩要明白学习是一件严肃而且非常重要的事情，必须从思想上对其重视。一旦有了重视，男孩就不会从态度上轻率地对待学习这个问题，在学习的过程中也就不会轻易放弃。

其次，男孩要学会树立精益求精的学习态度，不能只满足于眼前所取得的成绩，而是要不断追求更好的成绩。例如平时做题，如果能够用一种方法解答，那么可以再努力寻找第二种甚至更多种解答方法。对自己每次的考试成绩也要学会精益求精，争取下次考试有所提高。

再次，男孩要学会为自己树立学习目标，并在平时的学习生活中努力向着自己的目标靠近。这个学习目标可以是理想中的学习成绩，也可以是某个十分优秀的同学的成绩，当然也可以把理想中的中学等作为自己的学习目标。有了目标学习就会有学习动力，有了学习动力男孩才能上进。因此，男孩可以为自己树立一个目标来激励自己。

最后，男孩要懂得学习态度的“核心”是认真。世上无难事，只怕有心人，认真是一种神奇的力量，如果能够在学习的过程中时时刻刻保持认真，那么所有问题都能迎刃而解。

男孩要学会给自己打造一个适宜的学习环境

优秀的学习成绩和状态是多种因素综合作用的结果，学习环境就是其中之一。学习环境对于学习来说非常重要，在适宜的学习环境中学习效率也会更高。但是在生活中，很多男孩都忽略了写作业时的地点，也忽视了写作业时出现的噪声、人为干扰等因素，长此以往，学习成绩会受到很大的影响。

☆☆☆

男孩乒乒今年15岁，是一名初中二年级的学生。

乒乒是一个不喜欢独处的人，哪里热闹他就喜欢待在哪里。妈妈每次都要求乒乒去自己的房间写作业，因为在合适的环境中学习效率会更高。但是乒乒偏要待在客厅里面写，而妈妈拗不过他。

乒乒一边写作业，一边看电视剧。若是没有自己喜欢的电视节目，乒乒就会一边听歌一边写作业。

乒乒在家里这样，在学校也很淘气。老师在上面讲课，他和同桌在下面窃窃私语。这不仅影响周围的同学听课，而且破坏了课堂氛围。老师看见了，叫他起来回答问题，乒乒却支支吾吾地说不出来。

每次考试成绩出来以后，看着比较低的分数，乒乒也很苦闷。该完成的作业，他一样都没有落下，为什么还考不出好的分数呢？妈妈告诉他，“尽管你每次都会按时完成作业，但是效率不高。特别是在学习的时候，一定要找一个安静的地方，这样才会静下心来学习。”

乒乒回想起自己写作业的过程，认为妈妈说得很对，于是决定改变自己的这种学习方式。

☆☆☆

故事中的乒乒在做作业的时候并没有注意到环境的重要性，他在客厅一边看电视一边做作业。不仅如此，在课堂上他还破坏课堂氛围，和同桌说话，打扰他人学习，对自己的学习成绩造成了很大的影响。乒乒一直在一个很不好的学习环境中学习，长此以往，严重影响了自己的学习成绩，而且影响了人际交往等多个方面。

学习环境是学习效率的保障，男孩只有在安静、适宜的学习氛围中才能真正安下心来将精力放在学习中；只有全身心地投入，才能取得良好的成绩。

☆☆☆

男孩小段今年上初中一年级。开学的第一天班主任开班会时就告诉大家，“一个舒适安静的学习环境有助于自己不断的进步”。

班主任的这句话，引起了小段的思考。小段回到家，首先把自己的房间进行了一次大扫除。他把房间里散乱的书籍整整齐齐地摆放在书架上面；把不玩的玩具装进纸箱子；把洗干净的衣服叠好，放进衣柜。房间原本满屋狼藉，经过小段的收拾变得整洁有序。他还买了一盆花，放在窗台，让房间保持空气清新。

以前小段在自己的房间里面做作业，很难静下心来。现在房间的环境让小段心里很舒服，看起书来也倍感惬意。

他也把这种好的习惯带到了学校。小段把自己的课桌也收拾得有条有理。上课需要用到哪一本书，使用哪一支笔，小段都能很快找出来，不会再像以前那样，搞得自己手忙脚乱。

主动为自己营造一个舒适的学习环境，让小段很受益。学习方面，他会更加注意细节，每一次考试他都能取得让自己满意的成绩。生活上，他也学会了如何去照顾自己。

☆☆☆

故事中的男孩小段能够主动为自己营造一个有利、适宜的学习环境，在这样的环境中他真正感受到了学习氛围对学习的重要性。因此他也将这样的方式带到学校，让自己能够更加舒适、方便地学习和生活。

学习环境对学习成绩有着至关重要的作用。作为男孩，要学会为自己营造一个舒适的学习环境。首先，要保证学习环境的足够安静和整洁。安静、整洁的环境更能够让人静下心来，更加全身心地投入到学习中。

其次，男孩要学会清除自己学习环境中可能存在的干扰因素。有的男孩喜欢边看电视边做作业，有的男孩喜欢边玩玩具边做作业，还有的男孩需要在父母或同学的陪伴下才能做作业。其实这些都是学习的干扰因素。在做作业的时候，男孩要尽量避免有过多的噪声，更不能一边看电视一边做作业。同时，男孩要学会独立完成作业，因为人多在一起往往会互相干扰，所以如果有的男孩存在必须和别人一起做作业的习惯，要慢慢改正。

最后，作为男孩，要学会为自己营造学习环境。学习环境如果过于紧张，也会导致男孩在学习过程中容易产生疲惫感，长此以往，会对男孩的学习情况和身体状态都造成不利影响。因此，男孩在为自己打造学习环境时也应该多增添一些适当放松的元素。例如在房间放置植物，将屋子色调变得更加轻松等。

第二章

张弛有度，学习效率才更高

——做个学习有计划的男孩

学习的第一步是什么？是死记硬背还是博览群书？不，应该是制订学习计划。一个好的学习计划能够帮助男孩明确学习目标、细化学习过程，最终起到提高学习效率的作用。没有计划的学习是盲目的，正如一艘没有灯塔指引航向的帆船，在大海上没有目的地飘零，在学习的海洋中也是如此。因此男孩只有学会为自己明确航向，才能乘风破浪。

男孩的学习计划因人而异

学习需要计划，没有计划的学习就像没有方向的航船，在茫茫大海中只能随波逐流。计划并没有好坏之分，有的计划虽然看起来很不错，但并不适用于每一个人。因此作为男孩，要明白学习计划并不能照搬他人，而是要根据每个人不同的特点制订不同的学习计划，并且根据实际情况随时进行适当的调整，如此才能令学习计划真正起到作用。

☆☆☆

男孩小军是一名初中二年级的学生。

小军是一个非常热爱学习的男孩儿，他一直想提高学习成绩，但是他不知道该如何去做。

有一天小军发现，班里学霸的课桌上放着好多本复习资料。

“怪不得他在班里一直名列前茅，原来是有妙招的。”

于是小军也买了一套和学霸一模一样的复习资料，自信满满地开始了自己的学习计划。

小军将学霸作为学习榜样，每天埋头在题海里面。课堂上老师让同学们把刚刚讲过的内容消化几分钟时，小军迫不及待地把复习资料取出来，继续思考未解出来的题目。连课间十分钟的休息时间小军都舍不得浪费，也用来做习题。晚上回到家更不用说了，吃完饭就进入房间做题。

转眼就到期中考试时间，小军想，“这次一定会考到班里的前几名”。但试卷发到小军手里时，看着试卷上的内容，小军瞬间心灰意冷。那一道道题目和自己做过的习题相比较，难度差异很大。

垂头丧气的小军回到家，把书包里面的复习资料全部扔在了墙角并抱怨“自己做了那么多习题，还是考不好！”

☆☆☆

故事中的小军为了提高自己的学习成绩，照搬班里学霸的复习资料，也照搬学霸的学习计划。但是并不是按照学霸的学习计划学习就一定能成为学霸。小军虽然和学霸做着一样的复习资料，但是最终并没有取得好成绩。由此可以看出，只有适合自己的学习计划才有效。

好的学习计划是每一个男孩学习的帮手，能够帮助男孩在学习上取得很大的进步。学习计划的制订一定要根据每个男孩的学习情况和性格特点等多种因素来综合考量。他人的学习经验可以借鉴，但是不能照搬。

☆☆☆

男孩宁宁今年上初中一年级。

“宁宁，你知道今天家长会上班主任怎么说你的吗？”妈妈问宁宁。

“又向您说我的坏话了吧！”

“班主任夸你是一个聪明的孩子。但你总是考不了高分，那是因为你的学习方法不对。”

“妈妈，班上的同学都是那样学习的。”宁宁很委屈地说。

“你要有一个属于自己的学习计划，这样才会有利于你进步。”

宁宁为此很苦恼，很多人都说他的学习方法不对。宁宁经过苦思冥想后，给自己制订了一个新的学习计划。

他首先从学习英语开始。他给自己制作了十几张小卡片，把那些经常记不住的单词写在上面，装在口袋里面。走路的时候随手掏出来看一眼，记住一两个单词，然后一边走一边背诵。只要有闲暇的时间，他就拿出卡片来记单词。一段时间过后宁宁突然发现，以前好多都记不住的单词现在都被他记住了，自己的词汇量也随之增加了。

接着宁宁也用这个方法来背诵古诗词和记忆数学公式。没想到以前背诗总是结结巴巴的自己，现在竟然能够倒背如流；以前提笔忘公式，如今只要用到公式的题目他一次性能写出好几个。

宁宁的新学习计划不仅为他节省出了大量的学习时间，而且帮助他提高了学习成绩。

☆☆☆

故事中的男孩宁宁由于没有适合自己的学习计划，在学习上一直处于没有头绪的状态，学习成绩自然也会受到很大的影响。但是他及时做出改变，根据自己的特点制订适合自己的学习计划，并且按照计划及时采取行动，很快他的学习成绩就得到了提高。

每个男孩都应该具备为自己量身打造学习计划的能力。首先，作为男孩，要对自己当前的学习情况有充分的了解，同时也对自己有着比较客观和全面的判断。只有在此基础上，才能够找到适合自己的学习计划。

其次，学习计划要有侧重点。这就需要男孩清楚自己的优势与不足，然后针对自己的不足之处重点突破，为自己量身打造适合的学习计划，提高自己的综合能力。比如有的男孩作文是弱势，因此在学习计划中就应该将提高写作水平作为一个重点。

再次，学习计划不能一成不变。学习的情况在时刻发生变化，为了学习而服务的学习计划自然也要根据具体情况的改变而随之发生适当的变化。因此，男孩要懂得学习计划并不是一成不变的，而是要根据当下的学习阶段、学习特点以及自己的能力做出适当的调整，以便于更好地提高学习效率和成绩。

最后，男孩一定要找到适合自己的学习方法，这样才方便为自己制订学习计划。每个人都是不同的，那些看起来“成功”、“高效”的学习方法并不适用于每一个人。换言之，状元的学习计划并不能够帮助每一个人成为状元。当然，见贤思齐，对于他人的学习计划中优秀的部分可以借鉴或学习，或者加以改造使之更加适合自己。

男孩要能战胜学习“拖延症”

“拖延症”是很多男孩学习的“天敌”。由于“拖延症”，很多男孩无法按时完成作业，原本一个小时就可以轻松完成的任务却要拖两三个小时甚至更久才能完成。而患有“拖延症”的男孩不仅会在做事中体现出“拖延”，更严重者会养成懒惰的习惯，从身体到思维，都有可能会被“拖延症”影响。因此，男孩一定要学会拒绝拖延，及时完成学习任务。

☆☆☆

在读初中二年级的男孩小强总是把今天的学习任务拖到明天去完成。

小强梦想着自己的明天会更加美好，自己一定会考上重点高中。同时他也特别喜欢明天，因为他每一天都在为明天做计划。

老师每次都强调，今天发下来的试卷明天要讲，叮嘱大家一定要今天做，可小强偏偏计划明天才做。在第二天的课堂上，老师在对答案、讲重点时，小强看着比自己的脸还干净的试卷，安慰着自己，“没事儿，记住答案，寒假里再做。”

寒假很快就来临了，小强初中二年级的第一个学期就这样匆匆结束了。他把“明天”挂在嘴边整整一个学期。但是看着在全班排名倒数的期末成绩，小强心灰意冷，他深刻地意识到了自己问题的严重性。他决定利用寒假把自己调整过来，在学习上不再拖拉。

小强为寒假的每一天都制订好学习任务。早晨背英语单词，上午写作文，下午练数学。但是当小强执行起来的时候，他发现自己会不由自主地想着明天再做，以至于寒假的好多学习任务越积攒越多，无法完成。

原来他的这种喜欢把事情都安排到明天的习惯，已经成了一种顽疾——拖延症。

☆☆☆

故事中的男孩小强总是习惯性地拖延，喜欢将任何事情都放到“明天”去做。但是“明日复明日，明日何其多”，如果不在今天及时动手，将永远不会有“明天”。

很多男孩总会将希望寄托在“明天”，但其实很多时候“明天”只是个借口，只是拖延的挡箭牌。任何事情开始的最佳时机都是今天，是现在。因此作为男孩，要明白好好学习，不是一句口号，更不可以被无限放置到“明天”，而是要从现在开始、从每一个今天开始。

☆☆☆

男孩皓皓自从上小学后，就被学习委员天天跟在屁股后面要作业。早上学习委员要作业，他说中午交；中午学习委员要作业，他说下午交。

上了初中，课程一下子增加了好几门。这让平时在学习上懒散惯了的皓皓顿时不知所措。他想借用小学时的老办法，和学习委员打游击战。刚开始学习委员还很信任他，皓皓还为自己的小聪明洋洋得意。

一周以后，学习委员一提到作业，皓皓还是同样的说辞。无奈之下学习委员只好把皓皓的名字报给各科的老师。

老师们都来关照皓皓，一会儿是语文老师叫他去办公室谈话；一会儿是数学老师叫他去办公室谈话……皓皓一下子就成了班里的“名人”。他羞得连教室都不敢进，好像大家都把目光放在了他身上。他实在受不了，下决心要改掉自己这个坏毛病。

后来的日子里无论哪一科的老师，只要把作业布置下来，他就立马写。刚开始他心里很急躁，总想着出去玩。但是看着身边的同学都在安安静静地写作业，他鼓励自己，其他人能做到的，他一定也能做到。

坚持了二十多天以后，皓皓终于习惯了，也能按时完成作业了。

☆☆☆

故事中的男孩皓皓就是一个拖延症的“患者”。他经常不能按时完成作业，与学习委员和老师“打游击战”。最后，经过老师的劝说，他开始下决心改掉自己的坏习惯。经过一段时间之后，他开始不再拖延，及时完成作业。

作为男孩，拖延是一个很不好的习惯。如果男孩习惯拖延，从学习到生活，再到以后的工作，都会慢慢地习惯拖延。所以，一定要及时改正拖延症。首先，要学会为自己树立一个目标。这个目标可以不用很大，比如今天完成作业的时间、完成作业的数量等，有了目标才会有努力的方向，也会敦促自己立即着手，不再拖延。

其次，作为男孩要提高自己的抗干扰能力。很多男孩之所以拖延就是因为注意力总是无法集中，容易被身边的各种因素干扰。所以作为男孩，要学会拒绝诱惑、拒绝被干扰，更加集中注意力写作业、学习，避免让拖延症影响学习。

最后，男孩要学会树立正确的学习态度，从内心开始拒绝拖延，让自己能够用一个更加积极、向上的态度对待学习。

高效利用时间，学习效果会更好

俗话说，时间就是生命。对于学习而言，时间是学习效果的重要保障。一方面，学习需要充足的时间，只有用足够的时间才能对学习的知识有全面的掌握；另一方面，学习效果不仅要依靠学习时间的多少，更要在有限的时间内最大限度地利用时间，这样才能达到最好的学习效果。

学习必须要花费大量的时间。没有投入时间的学习就没有认真可言。但是，如果花费了大量的时间却依然收获甚少，学习成绩并没有得到提高，而且感觉十分疲惫，那就是学习时间的利用效率太低。

☆☆☆

马骁是一个学习很认真的男孩。他很痴迷数学，每天都把大量的时间花费在数学上，但是每次的考试成绩都很不理想。

有一次上数学课，老师布置了一道有点难度的题目。马骁看到题目后很兴奋，“我一定要把它解出来。”

马骁从数学课上就开始对这道题目进行演算。中午妈妈催着让他午休，他都舍不得放下手中的数学题。回到自己的房间后，又接着演算。

由于没有午休，马骁下午上课的时候昏昏沉沉的，被老师提醒了好多次。但是他的心思还在那道未解出来的数学题上。

下午放学回到家，马骁一放下书包，就取出草稿接着演算。妈妈实在看不下去了，“我看见你今天一直都在做这道数学题，还没有解出来吗？”

“还有一步就解出来了，妈妈。”马骁说道。

“学习一定要讲究效率，而你把一整天的时间都用在了一道数学题上。”

“我们老师说了，学习数学就要花时间多练。”

“花时间多练没有错，但是你要在自己大脑清醒的状态下多加练习，效果才会更好。”

妈妈的话很有道理，但是马骁还是纠缠在那道数学题上。

☆☆☆

故事中的男孩马骁对数学十分痴迷，为了一道题目可以茶饭不思、一整天进行思考。这种学习和钻研态度首先值得肯定和赞许，但是如果将这样的方式运用到平时各科目的学习中就有些不可取了，尤其是在考试中，不能在一道题目上耗费太多时间，这样会影响到综合成绩。在日常的学习中，也要提高学习效率，争取用最少的时间获得最大的学习效果。

青春期的男孩身体和大脑正处在发育阶段，长时间连续不断地学习对身体健康和大脑运转都很不利。因此，要想提高学习效率，就必须提高学习时间的利用率。

☆☆☆

男孩小华始终记得小学老师说过的一句话，“一件事要么就做得最好，要么就不要做。”

现在小华上了初中，面对突然增多的课程，他心里面有些紧张，怕自己学不好。

于是小华告诉自己，他要把每一门课都学到最好。为了这一个目标，小华把课堂之外的时间都用在了学习上。

他的一举一动班主任都看在眼里，班主任把他叫到办公室，语重心长地告诉他，“小华，你要合理地利用时间，不能蛮干。尽管你将大把的时间都用来学习，但是你的考试成绩并不是特别突出。”

听了班主任的话，小华也深有体会。自己每天学得很累，但收获却很少。他想着自己不能再这样做下去，要有所改变。

小华决定在对的时间段里，做应该做的事情。早自习就要用来记忆东西，四十五分钟的课堂时间就要用来认真听讲，该休息的时间就要用来休息，不能强迫着去看书。

小华把这些细节做到后，他明显地感觉到自己学到的东西比以前多了，再不像刚开始的时候，每天都要抢时间来学习。

在期末考试中，小华是班里学习成绩进步最快的。

☆☆☆

故事中的男孩小华一开始在学习上有些“用力过猛”，他将所有时间都用在了学习上，让自己连喘气的时间都没有。尽管如此，他的收获却非常少。渐渐地他意识到自己的问题，开始改变学习策略，在适当的时间做适合的事情，提高每一分钟的使用效率，不浪费任何一分钟。因此，他的学习成绩也很快得到提高。

没有正确地使用时间就是浪费时间。因此在学习中，男孩要学会不蛮干，正确利用时间，提高学习效率，这样才能获得进步和成功。

首先，男孩要避免过长时间地集中学习，因为这样会导致自己大脑和身体疲劳，即使看书、写作业，也不会真正理解和记住内容。因此，男孩要对自己的学习时间有合理的规划，在适当的时间进行合适的学习。比如清晨，大脑比较清楚，可以进行背诵和朗诵。

其次，男孩在学习时一定要专心致志，避免在学习中被干扰。很多男孩学习效率低下都是因为自己抗干扰能力不强，在看书、写作业或者上课听讲时容易被干扰，总是分神做其他事情，这样原本一个小时可以做完的作业，可能要两三个小时都完不成。

最后，男孩要学会利用碎片时间。利用课间、休息、睡前等碎片化的时间，加深对书本知识的理解，来记忆几个单词、一首古诗，或者回想一下白天老师讲过的某道重点题，日积月累，这也会带来巨大的改变。因此，男孩要重视这些碎片时间，高效学习。

当天的学习任务要当天完成

今日事今日毕，这是按时完成学习任务的必要条件。学习是一个持续而且漫长的过程，需要完成许多学习任务。而每一天都会有新的学习任务，如果不能按时完成当天的事情，就会在无形中增加明天的负担，这样明天的学习任务也会受到影响。因此作为男孩，一定要养成当天的学习任务在当天完成的习惯。

☆☆☆

夏日午后是小学五年级的桑桑最爱的时刻。他和小伙伴一会儿在河滩里捉泥鳅，一会儿上树掏鸟窝，把老师当天布置的家庭作业忘得一干二净。回到家里妈妈问起作业的时候，他才记起来，原来有作业没有写。桑桑急急忙忙地从书包里掏出作业本，写作业的架势摆好以后，抬头看看挂在墙上的钟，还有半个小时自己喜欢的电视节目就要开始了。他才写完一页纸，就已经按捺不住自己急切的心了。桑桑索性丢下作业，坐在电视机前，等待电视节目的开始。

“桑桑你作业这么快就写完了！”妈妈惊讶地问道。

“今天老师布置得少，我已经在学校里写完了一大半。”到底写完了没有，其实桑桑心里最清楚。

第二天的早上，其他同学都在大声地朗读课文，桑桑却在写作业。桑桑就这样马马虎虎地把自己昨天未完成的作业写完了。

慢慢地，桑桑对早自习写作业有了很大的依赖性。他觉得这个方法还不错，以后下午放学了，再不用着急地写作业了，省下的时间可以用来和小伙伴抓泥鳅、掏鸟窝了。

就因为桑桑这样的心态，他对学习越来越不用心。在最近的一次考试中，他居然从班里的前十名退步到了三十多名。

☆☆☆

故事中的男孩桑桑在写作业的时候总是喜欢将今天的任务推到明天，所有的事情都不能按时完成。长此以往，学习会受到严重的影响。最后“债台高筑”般的情况只会导致学习成绩一落千丈。

每一个今天都无比珍贵，每一天的学习都必须按时完成，不让学习任务堆积和搁置，只有这样才能保证学习任务的正常完成。

☆☆☆

男孩小维是一名小学六年级的学生，他每天下午放学后做的第一件事就是写语文作业。

小维坐在小板凳上，左胳膊压着语文课本，右手握着钢笔，认认真真地写着语文作业。写着写着，小眼睛就会离作业本越来越近。妈妈看见了，总会喊上一嗓子：“把头抬起来，腰板挺直了。”那小身板儿就像弹簧似的，嘣儿地一下挺起来，然后坐得端端正正的。

写完以后，小维总会小心翼翼地把卷起来的作业本角角用手抚摸得平平展展，让妈妈检查签字。这是语文老师再三嘱咐过的，作业写完以后，一定要让父母检查签字。当这一切都做完了，小维乐呵呵地把作业本放进自己最爱的书包里面。

第二天语文老师批阅到小维的作业时，看着那一行行整齐的汉字，总会笑眯眯地对全班同学说：“大家一定要向小维学习，把字写得整整齐齐。”小维听了非常高兴。

放学回到家，一进门他就高兴地跟妈妈说："妈妈，老师今天又夸我了。"

"妈妈对你的要求没有错吧！你每天放学后的第一件事就是把老师今天布置的学习任务完成，再去做其他的事。"妈妈摸着小维的头说。

☆☆☆

故事中的男孩小维每天放学后的第一件事情就是完成当天的作业，并且非常认真细致，他的作业也经常受到老师的表扬。由此可以看出，当天的学习任务就应该在当天完成。

作为男孩，首先，要树立及时完成学习任务的意识。男孩只有在思想上足够重视，才能从行为上做出改变。男孩要学会克服自己的惰性和懒散，不再将今天的学习任务放到明天，更不要将自己的时间无限制地浪费。

其次，男孩要学会提醒自己，给自己积极的心理暗示，相信自己能够及时完成学习任务。有的男孩可能顾着玩就会忘了学习，因此男孩必须想办法随时"提醒"自己。比如在自己的书桌前贴便签、设置闹钟，或者请父母和朋友来"提醒"自己。

最后，男孩要学会对自己"奖惩分明"。如果不能按时完成当天的学习任务，就要对自己有一定的"惩罚"措施，如在完成自己拖欠的学习任务之后，再多背几个单词、多做几道题目。当然，有惩罚就要有奖励。如果能够保持按时完成学习任务的习惯，也要对自己进行奖励，如适当的娱乐和休息。

节假日合理安排休息和学习时间

放假对每个学生来说都是非常诱人的字眼。关于假期，每个男孩都会有许多美好的设想，游戏、电视、朋友都是有关假期最美好的主题。平时在学校紧张的学习会让男孩感到压力非常大，但是，在假期突然放松也会引发一系列的问题。

节假日虽然是用来休息的，但是也不能因过于放松而影响自己的学习。男孩要学会在节假日合理安排自己的时间，将学习和娱乐有机地结合起来，帮助自己调整心情和状态，更好地学习和生活。

☆☆☆

“终于放假了！”小真刚进门就高兴地喊着，然后一边将书包扔在房间里一边一头扎进了动画片，将所有的事情都抛诸脑后，现在的他满脑子都想着怎么度过接下来的一周假期。

“我明天要去游乐园，后天要去同学家玩，我们约好了一起打游戏！”小真非常期待。“妈妈，不如我们再去外婆家吧，天气这么热，外婆家的风景很不错，那里又凉快……”小真还在兴致勃勃地说着他的假期计划。妈妈突然打断了他的话：“那你什么时候写作业呢？你们作业应该不少吧？”

“哎呀妈妈，不是七天假期吗？作业可以慢慢写嘛！还有时间呢！我平时上学那么累那么忙，现在要好好玩好好休息！”小真说道。

当天晚上小真一直看电视、打游戏到很晚，直到凌晨他还在沙发上打游戏。妈妈听到声音劝他早点休息，但是小真敷衍着还是不愿意睡觉。第二天早上，他又急匆匆出门去找同学，一直玩到很晚才回来。他还拉着爸爸在游乐园玩了一天。就这么玩了几天，小真开始觉得有些筋疲力尽，但是眼看着假期要结束了，他的作业却一个字都没有写，小真突然觉得时间好紧迫。小真很想写作业却发现自己根本没有精神，每天一坐到书桌旁就开始犯困。

“好困啊，怎么办，还有这么多作业没做呢！”小真看着眼前的作业，心里非常烦闷。

☆☆☆

故事中的男孩小真在放假之后全身心地投入到游戏和放松中，将学习和作业抛诸脑后，结果在假期即将结束时手忙脚乱地写作业。但是几天的放松让他的体力也有些跟不上，昼夜颠倒的生活让他没有足够的精力来应对学习。这样的方式其实是非常不正确的。

节假日固然是休息和娱乐的好时机，但是如果只顾着娱乐却没有很好地休息，完全将学习抛诸脑后，这样的做法对自己的学习和生活没有任何好处。因此作为男孩，一定要安排好节假日的时间，做到娱乐、休息和学习都不耽误。

☆☆☆

星期天的早上，张兵还是在闹钟响了之后就立刻起床，出门晨跑之后又给家人带了早饭，然后就回房间看书了。即使在假期，张兵还是没有放松学习，在按时完成老师布置的作业之后，他还将妈妈买的资料全部完成了。

中午，张兵又按时去上长笛课。张兵从小就特别喜欢长笛，即使学业越来越忙，他依然没有放弃。每节课他都按时去上，回来也是认真练习。

张兵每天的生活都非常充实，虽然他把时间安排得满满当当，但是张兵并不觉得累，反而过得非常舒适。张兵的学习成绩一直很不错，这和他合理地安排学习时间和休息时间是分不开的。尤其在节假日，他依然坚持学习，从来没有放松。

当然，张兵也有自己娱乐放松的方式。除了长笛，他还喜欢运动。张兵的羽毛球、篮球都打得很不错，平时学习紧张的时候，他便打一场球，很快就能放松心情。张兵从不熬夜，每天早睡早起，学习、休息两不误。

☆☆☆

故事中的男孩张兵是个很善于安排自己时间的男孩，即使是节假日，他依然能够合理安排时间，既没有浪费时间，让自己得以休息，又有很好的娱乐方式，能够让自己的身心得到放松，同时还没有耽误学习，让自己的学习成绩能够保持得很好。

作为男孩，要学会安排自己的时间。首先，男孩要避免昼夜颠倒、不分时间地娱乐，因为这样会对自己的身体造成很不利的影响。紧张的学习压力固然需要娱乐活动来放松，但是也需要注意身体状况和学习。

其次，节假日也是学习的时机，不能因为娱乐而忘记学习。有的男孩一放假就将学习抛诸脑后，但是假期也是认真学习的好时机，如果能够将节假日合理利用，也会对自己的学习成绩有很大的提高。

最后，男孩要懂得利用节假日好好调整自己的状态，让自己能够放松情绪，以便于更好地迎接新的学习和生活。此外，节假日的安全问题也是重中之重。尤其是节假日外出时，一定要注意人身安全，不去危险的地方，以免出现意外。

第三章

在学习上不打无准备之仗

——课前预习助男孩赢在起点上

课前预习，几乎是每位老师都会提出的学习要求。但是真正践行者有多少？效果是否又真如预期中一样呢？诚然，课前预习是学习中非常关键的步骤，但是，预习也要讲究方法，要为自己制定合理的预习目标。当然，不同科目的内容不同，特征也不同，因此需要的预习方法也不同。预习不是简单地将课本浏览一遍，而是要带着思考、带着问题去做，只有做到这些，预习才会有效果。

预习的作用不可小觑

两军交战，知彼知己才能百战不殆，学习也是一样，只有把知识预习一遍，知道其中的难易点，才能学得更扎实、更深入。预习是学习过程中的重要环节，能够激发男孩的求知欲，让男孩对学习产生更强烈的兴趣。所以，男孩一定要养成良好的课前预习习惯。

☆☆☆

放学后，男孩辰辰邀请同学杨杨去自己家一起写作业。

“好啊，写完作业我们玩游戏吧，上周我买了新游戏机，今天带来了呢。”

“真的吗？太好了，快走快走，赶紧回家写作业去。”

两个人兴高采烈地冲出了校门，没多久就回到了辰辰家。

两个人拿出作业本，认真地写起了作业。

半个小时后，辰辰遇到了一道难题：“这道题有点难啊，你是怎么解的？”

杨杨坐过去说：“我看看，这样，再这样，好了，解出来了。”

“哇，原来只要代入一个公式就可以了，谢谢杨杨，我马上就写完了，你呢？”

“我也是。”

两个人都想尽快玩新游戏，很快就把作业做完了。

“我们来玩游戏吧。”

“好啊好啊。”

辰辰打开电视和游戏机，插上游戏碟片，两个人高兴地玩了起来，一边玩，还一边讨论一些学校的事情。

“听说隔壁班的刘耀这次考试进步了很多，老师还说要对他进行全校表扬呢。”杨杨突然说道。

“刘耀？以前学习比我还差，怎么突然进步这么快？”辰辰吃惊地问道。

“据我所知，他使用了‘秘密武器’。”杨杨突然做贼般压低声音说道：“听说，他每天写完作业后都会预习第二天要学的内容，这样第二天听课的时候，他就会着重听那些自己不懂的知识点，学习起来很有效率呢。”

“只是提前预习知识点？我才不信预习能有这么大作用呢，肯定是刘耀说出来骗人的。赶紧玩游戏吧。”辰辰对于这样的说法一百个不相信。

☆☆☆

故事中的男孩刘耀通过课前预习，成绩提升了很多，但辰辰和杨杨对此并不在意，写完作业后只顾打游戏、看电视。其实，提前预习对提升学习成绩有很好的效果。首先，预习能让我们大致了解需要学习的内容，并清楚哪些知识点比较简单，哪些知识点比较难，从而做到心中有数。那么在上课时，我们就能更有针对性地听课，也更容易紧跟老师的教学思路。如此一来，以往被动地上课就能变为主动地汲取知识，对提升听课效果大有裨益。对于比较简单的知识点，我们在课上可以加深印象和理解；对于难点，我们要着重学习，认真思考，在老师的帮助下攻克难关，掌握知识。所以，每次上课之前，男孩都应该找出时间进行预习，养成良好的学习习惯。

预习主要依靠自己的力量，所以，经常预习，能够提升男孩的自学能力。一般而言，预习需要根据老师的指导来进行，老师给出明确的学习提纲后，我们可以对新知识进行初步自学。在这一过程中，大家会进行独立的阅读和思考，这样不但能够汲取知识，还可以锻炼学习能力，提升学习效果。

此外，预习还可以提高男孩的学习兴趣。有的男孩之所以对学习没有浓厚的兴趣，是因为他们上课听不懂、作业不会写、考试成绩不佳。他们如果能在课前预习一下需要学习的内容，了解老师将要讲的知识，为下节课的学习做好准备，上课就会变得更加轻松。当他们能够听懂老师讲的内容时，作业就可以顺利完成，考试成绩自然就能有所提升，而成绩的提升，是对一名学生很高的肯定，如此一来，他们就会产生成就感，从而对学习充满兴趣。

☆☆☆

班主任老师讲完课后，对同学们说："今天咱们的作业是……"

"老师，不要留太多作业啊，作业太多，做不完的。"一同学说道。

"是啊是啊，少留点作业吧老师。"另一同学接着说。

还有个学霸同学，手扶着眼镜说道："不怕作业多，就怕没难度，老师，请来点难题，谢谢！"

"今天的作业不需要书写，因为今天的作业就是预习明天要学习的东西。"

"预习？"同学翻了翻书本，十分不解："不就是看看明天要学习的内容吗？这作业也太简单了，用不了一分钟，我就能看完。"

“授之一鱼，只供一餐；授之以渔，可享一生。”班主任老师笑道：“你草草看一眼，只是吃到了一条鱼，吃饱了一顿，但是课本里有好多鱼啊，你只吃到一条，接下来是要挨饿的。你应该认真地多‘捞’些鱼上来，这样才能享用一辈子。所以，预习是一件很重要的事情，并不是翻两页课本就算预习了。”

“我们知道了，老师，一定会用心预习功课的。”同学们回答道。

☆☆☆

很多男孩和故事中的同学们一样，认为预习只是简单地看看书，了解将要学习的内容。其实，预习是一件非常重要的事情，需要注意很多问题。首先，预习不能太简单，只是走马观花地看看书，不会起到实际的效果，只有投入一定的精力和时间，才能真正有所收获。其次，预习也不能太精细，因为这样会浪费很多时间，让自己筋疲力尽，也会影响学习效果。所以在预习的过程中，只要把简单的知识点掌握，把难点标记好即可，这样能够有效提升听课效果。

此外，预习不能“胡子眉毛一把抓”，各学科的预习方法要区分开，而且无论是不是比较擅长的学科，都要进行课前预习。

最后，预习只是初步学习，不能代替上课的效果，如果因为做了课前预习就不认真听讲，肯定会影响学习效果。所以，在了解预习的作用后，还要掌握正确、合适的预习方法，养成课前预习的好习惯，这样才能有效提升学习效果和学习成绩。

学会制定合理的预习目标

哲学家爱默生曾经说过："一心向着自己目标前进的人，整个世界都给他让路。"这是说，有了目标之后，我们会为了目标而奋力向前，直至取得成功。人生如此，学习亦是如此。处于学习阶段的男孩，在做课前预习时，也要学会制定合理的预习目标，这样才能提升听课效果和学习效果。

☆☆☆

听说课前预习对学习十分有好处，陶陶也想掌握这门技巧，但他总是在预习的时候不得要领，预习效果不太明显。

他也像其他同学那样每天晚上都会看第二天老师要讲的知识，看完一个科目就去预习第二个科目，可是看来看去，陶陶最后觉得自己好像什么也没看进去，预习效果大打折扣。

"我该怎么办啊，是不是这种学习方法不适合我？"第二天上学后，陶陶向同桌抱怨道。

"有时候我也会有这种感觉，明明都预习过了，第二天还是像第一次听到一样，满头雾水。"同桌也十分苦恼。

"到底怎么预习才算是合理有效的呢？明明其他同学都没有这方面的烦恼，或许我还是不应该做这么愚蠢的事情吧，第二天听老师讲也一样，为什么还要花费时间提前去折磨自己呢？"陶陶越想越气，干脆决定以后不预习了。

他的同桌也点头说道："对，不预习了，还不如把时间节省出来做其他事情呢。"

☆☆☆

故事中的陶陶没有掌握合理的预习技巧，每次预习的效果都不理想，不但没有提升听课效率，还影响了课余休息的时间，最终，他沮丧地放弃了预习的习惯。其实，预习不是随意地看书、阅读，而是在有目标的前提下，对将要学习的内容进行了解、掌握。一般而言，为了指导学生更好地进行预习，老师都会准备“教学目标”，男孩可以尝试根据教师编写的“教学目标”来预习知识，这样预习工作才更有操作性，也更有效果。反之，如果没有明确的预习目标，就无法展开充分而有效的预习，如此一来，不但很难提升听课效果，还会影响休息。

制定预习目标有很多好处。首先，有了预习目标后，男孩就会对预习内容有清晰的认识，也会集中精力去实现目标。其次，有了预习目标后，男孩能在预习过程中分清轻重缓急，掌握难易点和重点。反之，如果没有目标，男孩在预习的过程中就会比较盲目，降低预习效率。最后，有了预习目标后，在预习的过程中，男孩也更容易了解自己的水平，然后根据自己与目标的距离做出更合理的学习和听课计划。

制定预习目标需要注意以下几点：首先，要结合自身的实际情况，目标太高，很难完成，不但会浪费时间，还会打击自信心，不利于学习的进步和心理的健康。其次，要有恰当的时间安排，因为预习要在完成作业的前提下进行。此外，预习不能占用太多时间，要留一些时间给自己休息和娱乐，以放松心情和神经。再次，制定目标应该有针对性，对薄弱环节要重点预习。最后，要严格执行目标，最好列出详细的预习计划，一步步完成任务。

☆☆☆

自从陶陶说了不再预习后，他就真的不再预习了，他认为上课的时候认真一点一样可以学到所有的知识。

但是一段时间后，陶陶发现自己听不懂的知识越来越多，积攒的难题也越来越多，倒是同桌一副轻松的样子。

“这些知识点你都听懂了？”陶陶忍不住问道。

“是啊，我提前预习好了，不懂的地方第二天就会重点听讲或者向老师提问，自然都能听得懂。”同桌说道。

“你不是说你不预习了？难道你掌握了好的预习方法？”陶陶吃惊地问道。

“其实也不是什么特别的预习方法，只是我给自己做了一些计划，不擅长的知识点重点预习，擅长的知识点看看就行，这样能知道第二天老师要讲的内容，又不会不分主次乱学习一通。”同桌对他说，“这是我那次抱怨后逐渐摸索出来的方式，你也可以根据你自己的情况来制订适合你自己的合理的预习计划啊。”

“预习原来还可以做计划啊。”陶陶恍然大悟，当天晚上就做了一个简单的计划，准备先按计划实施预习目标，不妥当的地方在预习过程中及时调整，慢慢完善这份预习目标计划表。

☆☆☆

故事中的陶陶放弃预习后，学习越来越困难。可是他发现同桌听课很轻松，问过才知道，原来同桌一直都在坚持预习，而且给自己制订了预习计划，从而提升了听课效率。所以，在制定预习目标后，我们还要有合理的预习计划，有了计划的指导，我们的预习才会更有针对性。预习计划是男孩预习的动力和指南，可以激励男孩坚持预习，从而养成良好的学习习惯。

科目不同，预习方式也不同

预习应该是学习过程中的第一个阶段，而好的开始是成功的一半，如果预习效果比较理想，学习成果也会大大增多。无论是小学还是中学，科目都比较多，所以我们每天需要预习的科目有很多，如果不能有针对性地预习，提升预习效率，就会浪费很多时间，甚至会影响我们正常休息。

☆☆☆

小学生阿虎今天听到了一个新鲜词汇：课前预习。

他是个勤奋好学的男孩，对于课前预习这个学习技能十分感兴趣。

放学后，阿虎就拿出所有的课本，把每一科将要学习的新知识都看了一遍。然后他发现只是看一遍预习的效果并不明显，于是阿虎决定再把所有科目的新知识都抄写一遍，增加记忆。

这样做果然让阿虎对新知识有了更深刻的印象，但是事后他仔细一想，除了抄写了一遍课本，加深了某些印象，他好像并没有从课前预习这件事上收获什么特别有益的东西。

当然，抄写对于语文课上关于背诵的内容还是有用的，他现在只要提前写几遍第二天要背诵的课文，第二天不用费多大工夫就能背下来。

但其他科目就没有这么明显的作用和效果了，这是怎么回事呢？

☆☆☆

故事中的阿虎开始进行课前预习了，但他没有对各科目的预习进行区分，每个科目都采用抄写的方法，结果除了语文之外，其他科目的预习效果并不理想。学生学习科目较多，特别是中学，每个学期都有5~8门课程，如果男孩在预习的过程中没有区分各科的学习计划和方法，就会非常疲惫、低效。所以，在预习之前，男孩一定要做好预习计划，对每个科目的预习进行区别对待。

由于内容和难易程度不同，每个科目所需的预习时间和精力也不同，因此在预习的过程中，男孩要根据自己的实际情况安排预习任务。对于擅长的科目，可以少花点时间来预习，只要了解基本情况，进行恰当的思考，并对难易点做好记号即可；对于劣势科目，就要集中精力，多用一些时间来预习，这样更有利于思考和加深印象，可以提高听课效率。

此外，预习时男孩还要将文科和理科搭配起来，因为如果连续长时间做一件事或者思考一个类型的问题，容易导致大脑疲劳，降低学习效率。将文科和理科内容搭配着进行预习，可以缓解大脑疲劳，让课前预习更有效。

☆☆☆

蔡小军在自习课把当天的作业写完后，有些无聊，不知道要做点什么。

他悄悄捅了捅同桌的胳膊，问他：“你作业写完了吗？”

“写完了。”同桌也压低声音回答道。

“那你现在在做什么？”蔡小军问道。

“我在预习明天要学的知识。”同桌回答道。

“预习？这是个不错的主意。”

蔡小军首先拿出数学课本，把新知识看了一遍，又拿出语文课本，把明天要讲的课文读了一遍，接着拿出英语，也一样扫了一遍……

丁零零……

下课的铃声响了，蔡小军伸着懒腰对同桌说：“谢谢你啊，要不然我真不知道剩下的时间做什么呢。你都预习了哪几科？我只来得及看语文、数学和英语，下节课再把其他科目的新知识点看一遍吧。”

“我只预习了数学，只预习这一门课程就很浪费时间了，你怎么看了那么多科？”同桌吃惊地问道。

蔡小军也很惊讶，他说：“不是把明天要学的知识看一遍就行了吗？你是怎么预习的？”

“不同的科目预习方法不一样啊。”同桌回答道，“比如数学，我肯定会边学习新的公式，边试着自己解一下题，这样才算是预习了新知识吧。”

“那语文呢？”蔡小军马上问道。

“语文先通读课文，找出生僻字，自己查阅，然后再尝试自己理解文章的中心思想或者背诵课文。”同桌说道。

听了同桌的话后，蔡小军觉得很有道理，不同的学科要学会灵活变通，使用不同的预习方法。

☆☆☆

故事中的蔡小军在预习各科目时，都只是把知识点看一遍，所以速度比较快，但他的同桌有不同的做法，针对各科目有不同的方法，速度虽然慢了些，但效果更好。所以，在预习各学科目的内容时，要采取不同的方式。

以语文为例，很多人觉得预习语文很简单，只要把课文读一遍就可以了，其实不然。每篇文章都由字、词、句组成，想要预习好一篇文章，就要在字词句上下一番功夫。预习语文的过程一般分为以下几个步骤：一是阅读文章，以及文章下面的注解、习题等，将生的字词以及不懂的语句标记出来，便于重点学习；二是借助各种工具书，如字典、词典等，便于解决预习时遇到的困难；三是试着概括文章的中心思想，分析重点内容等，便于深入了解文章内容。

对于数理化等理科科目，预习时要重视各个知识点的连续性。预习方法：一是阅读文字部分，充分理解其中的各种定义、公式等，并尝试背诵；二是扫除障碍，把之前学习的内容进行复习巩固，然后预习新的知识，这样有利于理解新知识；三是要做一些练习题，可以测试和巩固自己预习的内容，如果预习的效果比较理想，那么很多简单的练习题都能独自解决。

对于英语，预习时要分为两个部分，一部分是对单词的预习；另一部分是对课文的预习。预习方法：一是阅读课文，把不认识的单词标记出来，重点查找记忆；二是标记出文中的短语、句型等；三是熟读课文，尝试对课文进行翻译，并标记出难点。

预习要注重循序渐进

很多男孩在学习的过程中都产生了一种错误认识，他们认为只要多努力，多做习题，肯定能提升学习成绩，其实并非如此。我们都知道，量变到一定程度可以引起质变，但对于学习这件事如果遵循这个理论往往会事倍功半。

在现实生活中，有的同学用较短的时间就能完成作业，或者即便做题量不大，成绩也非常出色，这是学习效率高的表现。所以，在预习的过程中，男孩不要盲目投入大量精力，而是循序渐进，由简入难，采用科学的方法，一步步深入学习，这样才能提升预习效果，促进成绩进步。

☆☆☆

永顺是一名刚上初中的男生，初中的学习比小学紧张许多，他担心自己会跟不上学习进度，于是每天都在课前预习将要学习的知识点。

永顺特别喜欢挑战自己，每次预习的时候，他都会挑选那些比较难懂的地方钻研，那些简单的、基础的知识点他要么不看，要么一眼带过，并不会认真研究，仔细分析。

如此用心的学习，永顺认为自己的成绩肯定会有所提升，但一次考试结果出来后，他傻眼了。

永顺的成绩虽然没有大退步，但也没有太明显的进步，甚至有些错误是很简单的知识点，属于送分题，他却做错了。

“难道是我还不够认真？”永顺在心里嘀咕。

这时，老师找到永顺，对他说：“你的基础不太牢固，可以尝试一下课前预习功课，应该对你很有帮助。”

“我有预习啊，我每天都会进行预习的。”永顺委屈地想着。

☆☆☆

故事中的男孩永顺在预习的过程中，只顾钻研难点、难题，反而忽视了基本的知识点，长此以往，不但没有提升学习成绩，基础知识还掌握得不牢固。其实，在预习的过程中，循序渐进是非常重要的。如果我们连基本的知识都没有掌握，简单的习题都没想清楚，怎么能解答更难的题目呢？如果我们连英语单词都不认识、没记住，怎么阅读课文、做短文练习呢？这就是我们常说的，还没有学会走就想跑，结果只能是摔跟头。预习就要循序渐进、踏踏实实，从简单的内容开始，待简单的内容消化了，再学习难点。

☆☆☆

刘奇是个学习很认真的男孩，他每天都会利用一些课余时间预习新知识点，但不知道是他的预习方法不对，还是不够努力，刘奇预习的效果并不显著，不仅没有提升学习成绩，反而让他经常感觉疲惫不堪。

“老师，为什么我预习功课没有效果呢？”这一天，刘奇苦恼地找到了班主任老师。

“这就奇怪了。”老师问他，“你是怎么预习的？”

“当然是看那些不懂的难题啊，我每天都会花费大量的时间来解答这些题目。”刘奇说道。

“那最后你解出来了吗？”老师又问道。

刘奇摇摇头，说道：“偶尔会解答出来，但大部分还是不太懂，只能第二天听老师是怎么解答的。”

“所以，你应该循序渐进地预习，先把基础打好，掌握基础知识，再逐渐增加难度，这样才是正确的预习方法。”

“原来是这样，我知道该怎么做了，谢谢老师。”刘奇恍然大悟，匆匆告别老师去预习了。

☆☆☆

故事中的刘奇对自己的预习感到困惑，他花了大量时间来解答难题，结果却不如意，反而让自己非常疲惫。经过老师的点拨，他恍然大悟，原来预习要循序渐进，先把基础打好。预习必须要掌握比较科学合理的步骤，这样不但可以提高效率，还可以加强对学习内容的巩固。

预习要循序渐进，一步一步地来。一是把书本上的内容梳理一遍，对文中的内容进行大致分析和了解；二是标记或者抄录重点内容和要点知识，便于重点学习；三是要带着思考去预习，质疑书本上的内容，提升预习质量；四是对于不懂的内容，要主动查找相关工具书，尝试对问题进行解答，检测预习效果；五是预习完成后，要对自己的预习过程进行回想，厘清自己的思路和问题，巩固预习效果。总之，预习要循序渐进，不可急于求成。

要带着思辨的眼光去预习

从古至今，“问题意识”一直受到教育界的重视。所谓“问题意识”，就是要学生重视思考，带着问题学习。所以张载说“学则须疑”，陆九渊说“为学患无疑，疑则有进”，朱熹说“读书无疑者，须教有疑；有疑者却要无疑，到这里方是长进。”简言之，带着思辨的眼光去学习，收获更多；带着思辨的眼光去预习，效果更好。

☆☆☆

快下课的时候，老师问同学们：“同学们平时有课前预习的学习习惯吗？”

方晨举手回答道："老师，我每天都会预习第二天要学习的新知识。"

"很好。"老师点点头，"其他同学呢？"

"老师我也会预习。"田利说道。

"我也会，我也会。"

"我没预习过啊，很重要吗？"江浩看到很多同学都举手说会课前预习功课，他感到很茫然，"反正老师上课会讲到，还提前学什么啊？"

"课前预习是很重要的学习方法，"老师微笑道，"老师很高兴有这么多同学都会课前预习，没有预习过的同学从今天开始可以试一试这个学习方法，一定会大有收获的。"

"不过，"老师话锋一转，继续说道："老师今天要说的是如何带着思辨的眼光去预习。要在预习中学会思考和分析，在思考中发现问题，在分析中解决问题，这样才能达到预习的真正效果。"

"是边预习边思考吗？"方晨问道。

"是的，预习的过程既然是学习的过程，那就离不开思考。"老师说。

"思考什么呢？"江浩也问道。

"这是个好问题！"老师笑道："课前预习的时候你们可能会遇到各种各样的问题和难以理解的地方，这时候就需要你们去思考了，为什么这里要这样理解？为什么换了个词意义就大不一样？只要是和预习的知识相关的问题，你们都可以思考。当然，也可以在预习之前就带着思辨的眼光，不怕想不明白，就怕不敢想。"

"那么，今天同学们就试着用思辨的眼光去预习一次吧。"最后，老师说道。

“好的，老师。”同学们朗声回答道。

☆☆☆

故事中的老师说：“要在预习中学会思考和分析，在思考中发现问题，在分析中解决问题，这样才能达到预习的真正效果。”的确如此，只有带着思辨的眼光去预习，才能对知识点进行深入思考，收获更多成果。

预习效果是否好，关键在于是否带着思辨的眼光，是否能够进行独立思考。如果男孩可以带着思辨的眼光来预习，就更能发现问题、提出问题并解决问题。所以，在预习的过程中，要提前思考，然后借助各种工具查阅资料，找出解决问题的方法，即便不能成功，也会有很大的收获。

在预习的过程中，男孩应该找出新知识中的重点和疑点，然后将其带到第二天的课堂上，认真听老师讲解；或者在课前将自己的疑问向组长汇报，组长将这些问题交给老师，以便老师在讲课的过程中更突出重点，提升讲课效率。

听课时，当老师讲到自己的疑点时，要集中精力听讲，并认真思考，分析老师的解题方法和思路。如果老师讲完课后，我们依然没有完全听懂，可以积极与老师进行沟通，直到把疑点完全分析清楚。

教育家叶圣陶一再强调预习的作用。他说：“如果预习阶段动了天君（指大脑），得到了理解，在讨论的时候，见到自己的理解与讨论的结果正相吻合，便有独创成功的快感；或者见到自己的理解与讨论结果不甚吻合，就做比量长短的思索；预习的时候绝不会没有困惑，困惑而没法解决，到讨论时就集中了追求解决的注意力。这种快感、思索、注意力，足以激发阅读的兴趣，增进阅读的效果”。这是说，在预习的过程中，我们要带着思辨的眼光，积极思考各种问题，这样能够激发我们的主动性和积极性，提高学习兴趣，甚至会对所学的知识有独到的见解。

第四章

要想学得好就要会听课

——让你事半功倍的课堂听课法

“你会听课吗？”很多男孩听到这样的问题，大概首先会哑然失笑。但是“听课”的确是门学问，如何在听课的时候迅速捕获到对于自己而言最关键、最有用的知识？如何让自己的听课效率大大提高？又如何能够记住老师在课堂上所讲的知识点？这些都需要适当的学习方法。

积极思考，听课一定要“走心”

有的男孩在上课时注意力很难集中，经常走神儿，当老师讲到某一知识点时，自己总会联想到其他无关的事情，而且思绪很难回到课堂；有时自己明明在听课，却好像什么也没有听进去，大脑呈现一片空白的状态。听课效率如此低，长此以往，学习兴趣和成绩当然受到影响。所以，要想学习好，男孩在听课时就要“走心”，集中精力跟着老师的思路走，积极思考，争取在课堂上收获更多知识。

☆☆☆

王晓晨是个聪明的男孩，学习一向很主动，一直是班里的学习“尖子”，很少让父母为他的学习操心。升到初中后，王晓晨更加努力地学习，很多同学都在背后叫他“书呆子”。

初一的时候，王晓晨的成绩依旧十分出色，但从初二开始，当课业逐渐加重，内容逐渐深奥后，他的成绩就开始下滑了。王晓晨发现学习并不是想象中的付出就有回报，而且自己这些年养成的学习习惯在初中并不都是有用的，尤其是在听课这方面。上课究竟主要听什么？是听老师说的每句话还是挑出一些重点听？听的时候要不要记笔记？这些问题经常困惑着王晓晨。这让他听课的时候总是会走神儿，等回过神儿来的时候，老师的课已经快讲完了。

精神不能集中，听课质量自然也不好。经过了几次考试，王晓晨的成绩都在下降，这让他感到十分迷茫，不知该怎么做才好。

☆☆☆

故事中的王晓晨本来是个成绩优异的男孩，但升入初二后，由于课业加重，他的压力越来越大，听课效率也越来越低，经常走神儿，等自己回过神儿来时，一节课基本上也就结束了。听课效率低下，导致他的成绩不断后退，这让他十分懊恼和迷茫。在学习的过程中，听课是非常重要的环节，如果难以集中精力认真听课，无疑会影响学习质量和考试成绩。

男孩上课无法专心听讲有很多原因，若能将其一一找出来，然后对症下药，就能有效解决问题。首先，有的男孩无法专心听讲，可能是身体原因导致的。例如有的男孩晚上贪玩，经常很晚才睡觉，导致睡眠不足，第二天上课时自然很难集中精力听讲。所以，男孩要按时作息，保证充足的睡眠，为提高听课效率做准备。

其次，有的男孩无法集中精力听课，可能是缺乏学习兴趣。苏联教育家苏霍姆林斯基曾说："所有智力方面的工作，都要依赖于兴趣。"有了兴趣后，我们才能产生求知欲，积极主动、自觉地去学习。所以，要想提升听课的效率，男孩还要培养和提升自己的学习兴趣。

最后，有的男孩听课不认真，也可能是学习基础不牢固导致的。如果学习基础不牢固，应该掌握的知识没有掌握，听课时就很难跟上老师的思路和节奏。长此以往，积累的问题越来越多，如果不加以弥补和提升，听讲时就会一头雾水。所以，如果男孩的学习基础不牢固，就要想办法查漏补缺，打好基础。

☆☆☆

刘样是个初中生，他个性活泼开朗，但做事不够专注，经常走神儿。上课的时候也是如此，虽然他的眼睛盯着黑板，但思绪却已经飞到了九霄云外。

老师不止一次地提醒他：“上课听讲一定要‘走心’。”不过，他对此却不以为意，因为他觉得听不听课并不是那么重要，反正老师讲的书上都有，不懂的地方他下课后再看书也一样。

就这样，刘样依旧不“走心”地听课，他认为以自己的水平肯定能游刃有余地度过初中生活，却没想到，在一次考试中受到了重重的打击。

长期不认真听讲导致他的成绩差得一塌糊涂，老师语重心长地对他说：“如果你上课再不认真听讲，我只能让你的家长来一趟学校了。”

老师还说：“听课其实非常重要，老师会将课本上的知识串起来，而且每次都会加入一些我们自己的理解和经验，并不是单纯地复述课本的内容，这样会让你们更容易理解课本的知识，所以认真听课对你们的学习是必不可少的。”

刘样这才意识到了认真听课的重要性，开始改善听课状态，他的成绩也逐渐有了进步。

☆☆☆

故事中的刘样认为，老师讲课不过是把书本知识复述一遍，根本不用认真听，所以上课时经常走神儿，久而久之，学习成绩就受到了影响。老师告诉他，听课非常重要，因为除了书本知识外，老师还会对知识进行深入讲解，引导学生积极思考，拓展学生的知识面等。刘样这才意识到听课的重要性，逐渐改善自己的听课状态，成绩也有所提升。

要集中注意力，提升听课效率，男孩可以采取以下几种方法：

第一，培养自己的注意力和自控力。要想提升听课效率，首先要遵守课堂纪律，强制自己跟着老师的思路和课堂节奏走，做到有始有终，认认真真地听完一节课。

第二，做好课前准备，以免上课时注意力被分散。例如课间把需要的文具准备好，提前进入上课状态，如此能够避免上课时注意力分散。此外，还要做好课前预习，对学习内容进行充分了解，降低听课难度。

第三，上课时要保证眼睛、耳朵、嘴巴、手和心都能充分动起来。首先，眼睛要注意看黑板、书本和老师的动作，只有将这些内容都捕捉到，才能全面掌握一节课所涉及的知识。其次，耳朵要注意听老师所讲的内容和其他同学的发言。老师的讲解比较精辟、准确，而同学的发言比较通俗易懂，可以帮助自己理解知识，认真听这两种声音，能够提升我们的听课效率。再次，要动手记笔记，把课上所讲的重点内容记下来，便于复习。此外，还要积极动口，大胆表达自己的观点，锻炼自己的勇气和表达能力。最后，要用心思考、认真分析，这样才能达到专心致志，提升听课效率。

如果上课时，我们对老师所讲的内容出现理解障碍，不要长时间纠结这个问题，以免耽误整节课的效率。要先把自己不理解的地方记下来，然后下课进行理解疏通，还可以请教老师或者同学，及时把自己的难题消化掉。

带着疑问和目的听课

子曰："学而不思则罔，思而不学则殆。"无论是预习、听课、写作业还是复习，都离不开思考，否则就是低效学习，很难提升学习能力和成绩。在听课的过程中，如果我们能够边听边思考，带着疑问和目的去听课，就能变被动为主动，对知识进行深入理解。所以在听课时，男孩要带着自己的疑问和目的去听课，边听边思考重点和难点、老师的思路、同学的思路，以及自己对知识的理解和掌握程度等。如此听课，才能收获更多。

☆☆☆

林林是个男孩，但是从小比较内向，不爱说话，有时候腼腆的像个秀气的小女孩。

今年，林林成为一名初中生，每次上课，他都很认真地听讲。

快下课的时候，老师问："同学们都听懂了吗？"

"听懂了。"同学们点头。

"有什么问题吗？有不懂的地方要记得问老师，这样才能进步。"老师继续问道。

"老师，我有一个地方不明白。"

"老师，我也有一个疑问。"

"老师，您再讲讲刚才那道题吧。"

很多同学纷纷提出了自己的疑问。

林林想了想，上课老师讲的内容他有认真去听，每一道例题也都会做了，应该不存在不懂的地方。

"你们怎么有那么多问题啊？老师讲的我明明都听懂了。"林林问同桌。

同桌说："这个问题是我上课前就不明白的地方，我在听课的过程中一直专注于这个问题，但老师讲得并不是很透彻，所以才想再问问。"

"课前就有的疑问吗？"林林还是不太明白。

"这叫带着疑问来听课，我觉得这样听起课来更能集中精神，听课效果也特别好。"同桌回答完就去找老师讲解疑问了。

☆☆☆

故事中的林林没有带着疑问和目的来听课，所以一堂课结束后，他以为自己掌握了老师所讲的全部内容。就当老师询问大家是否还有不懂的地方时，很多同学都举手提出了自己的疑问。和同桌沟通后他才明白，原来大家都是带着疑问和目的来听课的。

听课之前，我们应该先把知识预习一遍，找出自己不懂的知识点，带着疑问去听课，这样才更有收获。在听课的过程中，我们也应该多问几个为什么，善于发现问题、提出问题、研究问题，并在与老师和同学的沟通中解决问题。另外，在尊重科学的前提下，我们还可以向权威挑战，大胆质疑书本和老师的结论，这样更有利于学习能力的提升。

☆☆☆

杨柏今年刚读初二，他平时是一个十分爱好学习的男孩，上课的时候也会很认真地听讲，不放过任何一个知识点。

随着课业的加重，杨柏发现，只是单纯地听课已经不能满足他的学习目标，有时候边听课边思考，带着一些疑问和目的去听课反而有意想不到的效果。

最近，有一个学习上的难题困扰着杨柏，但这个问题还不是他们要学习的内容，他担心提前去问老师，老师会责怪他太冒进。

于是，每次听课，他都会特别留意一些和这个问题相似的知识点，以求得到正确的答案。

终于，皇天不负苦心人。在一次习题讲解的过程中，老师代入了一个新公式，正巧解决了杨柏的疑惑，他高兴得差点在课堂上跳起来。

☆☆☆

故事中的杨柏善于带着疑问和目的听课，而且边听课边思考，效率非常高。当遇到一个难题后，他没有马上向老师询问答案，而是在课堂上捕捉重要信息，自己解决问题。最后，他成功地解出了这道难题，自己也感受到了前所未有的成就感。

想要学会带着疑问和目的去听课，男孩可以尝试以下几种方法：

第一，课前充分预习，找出自己不懂的知识点和问题，或者大胆提出几个疑问，然后带着这些疑问听课。如此一来，我们在上课时就有了明确的目标，能够清楚地知道什么内容需要认真听，从而保证不会错过任何重要的信息和知识点。当然，提出疑问后，我们要先进行分析和思考，争取自我解决难题，因为这样不但可以提升我们的思考能力，也能提升听课效率。在听课的过程中，我们可以了解自己在分析问题时的优点和不足，从而查漏补缺，不断完善自己。

第二，我们可以提前把听课的要点、重点和难点整理出来，并将其做成表格，明确地指出自己已经明白的内容和不懂的内容。这样听课时，我们就可以以这个表格为基础，有选择地对老师所讲的内容进行学习和思考。当老师讲到我们已经明白的地方时，我们可以适当放松，记录老师所补充的内容；当老师讲到我们不懂的地方时，我们就要集中精力认真听，然后把听懂的部分加入表格，便于课后复习。此外，如果一节课结束了，表格上还有不懂的地方，要积极与老师和同学进行沟通，争取把所有的问题都解决。

第三，疑问解决后，我们还要对这些知识点进行总结、归纳，加深记忆和理解。同时，我们也可以和其他有类似疑问的同学一起讨论、探究，这样既能拓展知识面，也能锻炼思维能力。

举手发言，课堂学习效果更好

举手回答问题是课堂上一个非常重要的环节，对于老师和学生都有很大意义。对于老师而言，可以通过这一环节检测学生对知识的掌握程度，从而有针对性地布置家庭作业和复习任务，也可以适时为学生们进行补习；对于学生而言，不但可以提升听课效率，巩固所学的知识，还可以锻炼表达能力和在众人面前表现自己的勇气。所以在课堂上，男孩要大胆举手回答问题，勇敢地表现自己，积极主动地与同学们分享自己的想法，这有助于快乐学习、提高成绩。

☆☆☆

刘宇轩虽然是个男孩子，但性格比较内向，上课除了安静认真地听老师讲课外，很少主动回答老师的问题。

这一天，老师讲完例题后，又列举了几道题，请同学上去解答。

“哪位同学上来解答一下？”老师问道。

刘宇轩下意识地把自己的头埋在了课本里，生怕老师叫他上讲台做题。

和刘宇轩一样想法的同学不少，积极举手回答的同学没有几个。

老师对此有点失望，鼓励道："同学们上课的时候可以积极一点，大胆地举起你的手来，不要怕回答错，只有回答了，才能知道你听没听懂今天上课的内容啊。"

但刘宇轩还是把头埋在课本里，不肯抬头看老师。

☆☆☆

生活中不少男孩都像故事中的刘宇轩一样，上课不敢举手回答问题，每次老师提问时，都尽量低下头，以免被老师看见。一个班级里，如果有一半的学生都不积极举手回答问题，课堂气氛就会非常低沉，学习效果也会不佳。

男孩上课不举手回答问题的原因有很多。比如胆子小或者害羞，不敢在大庭广众之下表现自己；或者表达能力不佳，不知道如何阐述自己的观点；还有的男孩不热衷于参与课堂互动环节，无论是否能回答老师的问题，都不愿意举手回答。

其实，在课堂上举手回答问题对男孩的学习和成长都大有裨益。例如，积极举手发言能够提高男孩的记忆力、思维能力、口语交际能力、心理素质和参与意识等。

就记忆力而言，男孩在回答问题的同时也是在思考，而且在老师和同学们的见证之下，其思维更加缜密、表达更加清晰。此外，无论男孩回答正确与否，都会得到老师的提示或者赞同，如此能够加深印象，提高男孩对这一问题的记忆。所以，在课堂上举手发言，能够有效提升男孩对于一些知识点和问题的记忆，这比死记硬背要有效得多。

就思维能力而言，首先，男孩能够举手发言，肯定已经对问题进行了思考；其次，在发言的过程中，无论男孩的回答正确与否，老师都会加以点评，如此能够完善男孩的思考方式等；最后，发言完毕后，老师会对该问题进行深入讲解，如此能够培养男孩深入思考的能力。久而久之，男孩的思维能力就可以得到锻炼和提升。由此可见，积极举手发言可以提升课堂学习效果，锻炼男孩的学习能力。

☆☆☆

赵晓和肖勇是从小到大的好哥们儿，两个人年龄一样，从上学开始就一直同出同进，不管是学习还是生活上都互帮互助。

小学的时候，两个人的成绩差不多，大家在一起大多谈论玩什么。进入初中后，赵晓的成绩提高不少，倒是肖勇一直在退步。

肖勇问赵晓："你是怎么学习的？我们几乎每天都在一起，我玩的时候你也在玩，难道你晚上熬夜学习啦？"

"晚上熬夜就没办法集中精神上课了，我才不做这种事情呢。"赵晓说道。

"那你是怎么提高成绩的啊？"

赵晓笑道："我只是上课的时候比较认真和积极……"

"我也认真听课啊。"肖勇急忙打断道。

"你听我说完啊，"赵晓继续说，"上课认真听讲是没错，但是也要积极回答老师的问题，当有疑问的时候，要大胆举手提问，这样既能和老师互动，加深学习印象，还能检验自己的学习程度，比自己单独用功有效果得多。"

"好像很有道理啊"肖勇点点头，"以后我也这样试试。"

☆☆☆

故事中的赵晓和肖勇本来学习成绩不相上下，可是进入初中后，两人的成绩逐渐产生了差距，赵晓的成绩不断上升，肖勇的成绩则不断退步，这是因为赵晓积极回答问题，主动与老师进行互动，听课效率比肖勇要高很多。可见，上课积极举手回答问题对男孩学习成绩的提升有很大帮助。

如何才能让自己在课堂上大胆举手发言呢？男孩可以尝试以下几种方法：

第一，培养自己的专注力。要积极、大胆地举手发言，首先要知道如何回答问题，所以男孩必须提高自己的专注力，在课堂上认真听讲。

第二，要锻炼自己的思维能力。在认真听课的过程中，还要积极思考，当老师提问后，男孩需要在短时间内迅速运转大脑，并快速组织语言，清晰地表达自己的观点。

第三，男孩要培养自己积极参与课堂的热情。如果男孩对参与课堂活动没有兴趣和激情，就不会积极举手发言。所以，男孩要在平时的学习生活中，加强与老师和同学们的互动，培养自信和存在感，并养成积极参与课堂活动、融入集体的习惯。

第四，要及时调整自己的学习方式，尽量不要完全独立学习，应该积极与老师和同学们进行沟通、交流，认识自己的优势和不足。上课举手发言就是一种很好的沟通方式，当男孩在课堂上表达自己的观点时，老师可以及时指出其正确和错误的地方，并帮助男孩解决困难，由此提升男孩的学习效率。

第五，锻炼自己的表达能力。表达能力是男孩与他人交往的重要能力，如果男孩无法将自己的想法表达出来，就不能与他人进行最有效的沟通，从而失去让他人了解自己的机会。有的男孩不敢或者不想在课堂上举手发言，与表达能力不佳有很大关系。所以，男孩在日常生活中，应该努力锻炼自己的表达能力，这样既能提升听课效率，也可以帮助自己结交朋友。

上课举手发言虽然只是一个简单的动作，但长期坚持，能够培养男孩自信的性格，帮助男孩提升学习能力。所以，男孩要从小培养举手发言的学习习惯。

寻找适合自己的课堂速记法

在信息技术时代，提升自己获取信息的能力至关重要。对于学生而言，可以从锻炼记笔记的能力开始。无论是中学生还是小学生，记笔记都是一项必备的技能。擅长并能快速记笔记的学生，思路往往比其他同学更加清晰，而且他们总能抓住老师所讲的重点和难点，基本不会出现一头雾水的状况。此外，由于笔记记得好，他们在复习阶段也会更加轻松。所以，在学习的过程中，男孩要寻找适合自己的课堂速记法，提升自己记笔记的速度和能力。

☆☆☆

王川是一名帅气的男生，今年刚进入初中读书。

初中和小学的学习方法有很多不同，就连上课都要记一大堆的笔记，王川一开始十分不习惯。

一学期下来，王川的成绩一直不怎么出色，老师找他谈话，问他学习上有什么困难。

王川苦恼地说："老师，我不知道怎么记笔记。我觉得上课时间就应该专心地听课，如果记笔记我就没时间去听老师在讲什么，而且我觉得上课内容我基本上都可以听懂，课本上也有知识点，所以有时候我又觉得没必要把老师说的都记下来。时间一长，我就不知道怎么办了，记笔记又记不好，不记笔记又不行，老师，我该怎么办呢？”

“你的问题老师知道了，其实这也是很多同学苦恼的问题，你不要有过重的心理负担，老师有办法让你既能认真听课，又能记好笔记。”

“什么办法？”王川问道。

“你先别急，老师准备一下，今天下午专门上一节关于记笔记的课，到时候你就知道了。”老师笑道。

“谢谢老师！”王川如释重负，高兴地与老师道别，去上课了。

☆☆☆

故事中的王川升入初中后，对记笔记非常苦恼。初中科目较多，每个科目都有很多知识需要学习，课堂笔记的内容也会增多，所以，记笔记成为非常重要的一个环节。可是王川没有掌握记笔记的方法，面对越来越难的知识点，他觉得压力很大。

俗话说，好记性不如烂笔头。记忆力再好的学生，也需要巧妙地记笔记。当课堂内容越来越多时，男孩就要努力提升记笔记的速度，寻找一个适合自己的课堂速记法。要想提升记笔记的速度和效果，男孩就要注意以下问题：

第一，每个科目都要准备一个笔记本，以免造成混乱。

第二，努力提升自己的书写速度。如果书写速度较慢，就会难以跟上老师的思路和课堂节奏，从而影响笔记的质量。所以，记笔记时，可以适当把字迹写得潦草一点，也可以简化一些词语和句子，只要自己能看懂就行。

第三，当笔记没有跟上时，不要太过纠结，应该继续记录下面的内容，以免错过更多，至于漏下的内容，可以下课后参考其他同学的笔记，补充上即可。

第四，笔记要及时检查，既可以起到巩固的作用，也能够查漏补缺，将不清楚的地方进行修改和完善，便于后期的复习。

☆☆☆

下午的自习课上，老师果然带了一大堆的资料来上课。

老师说："同学们，今天我们上一节特殊的课，很多同学在听课的时候经常为了记笔记而忽略了老师讲课的内容，为了记笔记而记笔记，这样做只会得不偿失。那么，怎么做才能既做到认真听课，又记好笔记呢？这节课，老师就给大家介绍一些课堂速记法，让大家轻松记笔记。"

"课堂速记法？"王川小声嘀咕道，"听起来和速写挺像，可是笔记怎么能快速记录呢？"

"其实记笔记有很多诀窍，同学们上课的时候还是要以认真听老师讲课为主，笔记只是辅助记忆的一种方法，不能失了主次。"老师一边整理资料，一边认真对同学们说："但是记笔记也是很重要的事情，同学们不能因为重视听讲而选择不记笔记。"

"怎么才能快速地记好笔记呢？其实有很多种方法。"老师介绍道："同学们在记笔记的时候，可以只记录关键词，课下再补全笔记。很多时候，老师讲的内容在课本中都有，同学们记笔记的时候可以先记录课本页码，这样课后整理笔记的时候就有充足的时间来完善笔记内容了……"

老师接连介绍了好几种速记笔记的方法，同学们颇有感悟，王川也受益匪浅，在以后的课堂上不再埋头记笔记，和老师多了很多互动，成绩都有所提升。

☆☆☆

为了帮助学生们提升记笔记的速度和技巧，老师特意传授给大家几种课堂速记法。王川听后受益匪浅，对记笔记有了更深刻的认识。课堂速记有很多方法，最常用的有5R笔记法、符号记录法和笔记整理法。

5R笔记法也被称为康奈尔笔记法，这种笔记法之所以被普遍使用，是因为它适用于很多学科。这种方法包括五个步骤，分别是记录重要信息、简化记录内容、背诵重点内容、思考记录内容和复习。在记录重要信息时，我们需要把笔记本的一页分为大小两个部分，较大的部分用于记录重要信息，较小的部分用于填写自己对上课内容的回忆和总结，在填写的过程中，要尽量简化语言，做到简明扼要等。

符号记录法是在课本上直接做符号来记笔记，这种方式简单、方便，而且非常节省时间。当然，在使用这种方法时，男孩要准确记住各种符号的具体含义，以免混乱。

笔记整理法是对课堂笔记进行整理、修改和完善。很多时候，我们在课堂上做的笔记都不理想，不利于课后复习。为了巩固课堂学习效果，便于课后复习，男孩需要课后对笔记进行整理和完善。整理笔记的方法包括补充、修改、分类等，可以将课堂笔记整理得更加规矩、清晰，便于后期复习。

老师不同，听课方法也要不同

因为每一位老师讲课时都有自己的风格和特点，所以学生也要采取不同的听课方式。面对各个科目和各种类型的老师，男孩要认真分析老师们的特点，用不同的方法来听课，这样才能提升听课效率，做到事半功倍。

☆☆☆

王杨今年读初二，他是个聪明的男孩，但偏科严重。

老师问他为什么会偏科，王杨也很委屈。

他说："我每一科都很努力啊，我也不知道为什么会变成现在这样。"

"你上课有认真听老师讲什么吗？"老师问他。

他点点头，说："当然啦，我很认真地听课，也专心地做笔记，但我就是不知道为什么，一样的认真态度和辛苦付出，却得到了不一样的结果。"

老师又问了几个问题，也找不出问题所在，但这么努力的孩子却有偏科的现象，真的是挺可惜的，于是老师就多关注了王杨一点。

结果发现，王杨上课真的很认真地在听讲，但是不管是哪个老师讲课，讲的是什么科目，他都很少根据老师或科目来调整自己的听课方法。

原来是这个因素导致王杨偏科的！

☆☆☆

故事中的王杨听课很认真，但成绩总是很难提高，而且偏科很严重。老师观察了一段时间后发现，他的问题出在听课上。无论是文科还是理科，也无论是哪个老师上课，他都只采用一种听课方式。因为这种听课方式并不适用于所有的科目和老师，所以听课效果有很大差距，成绩自然也就不一样。

升入中学后，科目增多了，任课老师也就多了，学生们需要同时适应多位老师的讲课风格，这并不是一件容易的事情。面对讲课风格各异的老师们，男孩应该如何调整自己的状态，对老师们的课程采用适宜的听课方式呢？

☆☆☆

小秋和亮亮是好朋友，他们初中升入了同一所学校的同一个班级，老师排座位的时候，他们俩还幸运地被安排成了同桌，两个人十分高兴，每天都一起上下学，学习上也会互相帮助。

有一天，小秋突然对亮亮说：“我觉得语文老师讲课很有趣，听他的课总能听到很多有趣的小故事和精辟的典故，真是太有意思了！”

亮亮却一脸茫然地说：“是吗？我只注意课本上的知识了，没注意这些内容呢。老师讲课不都一样吗，你听得真仔细。”

“每个老师的讲课习惯和方法都是不一样的，我们在听课的时候也要根据这些老师的习惯来调整自己的听课方法啊，要不然听课质量会下降很多呢。”小秋说道。

“真的吗？你快教教我，我只知道上课的时候要认真听，还不知道原来老师不同，听课方法也不同呢。”亮亮马上向小秋请教了起来。

两个人兴致勃勃地交流起了听课的方法和经验。

☆☆☆

故事中的亮亮听课时没有认真分析每一位老师的不同风格，所以采用同一种方式来听课，当他听到小秋能对各科老师的讲课风格进行评价时，简直是一脸茫然。从小秋这里他了解到，原来对待不同的老师要用不同的听课方法。所以，男孩在听课的时候，要注意对各科老师的讲课方式进行分析、分类，然后区别对待，采用不同的听课方式。

对于喜欢以教科书为讲课内容的老师，我们在抱怨其“了无生趣”的讲课方式时，要努力找出一种合适的听课方式。例如认真看着课本，在听老师讲课的同时，充分理解课本上的内容，并在文中用不同的符号做出标记，并把老师所讲、书本上没有的内容，以及自己不理解的内容补充在书本的恰当地方，便于课后与老师进行沟通。

对于喜欢以自己的笔记为讲课内容的老师，我们除了认真记笔记外，还要听老师的讲解和分析，这样才能有更多收获。此外，听这类老师讲课之前，还要做好预习工作，这样会大大降低听课难度，提高学习效率。

对于学识渊博的老师，我们在听课时，除了要吸收老师所讲的知识和信息外，还要注意抓住重点和难点，并积极与老师进行沟通，以免一节课下来没有多少收获。

对于喜欢引导学生自学和思考的老师，我们在听课时要积极与老师进行互动，主动举手发言，即便有不懂和做得不到位的地方，也能受到老师的指点，如此对知识点的掌握才更透彻。所以在这类老师的课上，要不断提升自学能力和思考能力，主动参与到课堂互动环节，积极与老师和同学们探讨各种问题，变被动学习为主动学习，成为学习的主人。

除了不同的老师外，针对不同的科目，我们也要采取不同的听课方式。例如在听理科科目时，就要把基本知识、思考和实验结合起来，这样学习效果才会更好；在听文科科目时，要重视理解和记忆，争取在课堂上把重点内容全部掌握。

第五章

不要让知识在课后溜掉

——男生要掌握的有效复习方法

何为复习？是考试之前的挑灯夜读，还是学习之余的随手一翻？复习是学习过程中的重要步骤，也是考试成绩的重要保障。因此，男孩一定要学会用科学的方法来复习。重点、难点，这些都是复习中的重中之重；要学会利用诸如睡前等碎片时间来进行复习，如此才能快速提高学习成绩，消除知识盲点。

当天复习效果最佳

打铁要趁热，复习要及时。无论是小学生还是中学生，都要在日常学习生活中养成及时复习的习惯，而且当天学习的内容要尽量在当天复习。很多男孩为此感到纳闷：“刚学过的知识，为什么要复习呢？复习不是考试前才需要做的事情吗？”其实，复习应该是每天都需要完成的学习任务。

一天的课程结束后，我们对这些新学的知识都还保留着较为深刻的印象，如果能够当天进行复习，就可以加强记忆、巩固学习。反之，我们如果把复习时间拖得很远，到复习时就会把之前学习的内容忘记很大一部分，如此一来，复习的难度就会变大，事倍功半。所以，男孩要在日常学习生活中养成及时复习、当天复习的习惯，这样效果才更好。

☆☆☆

吴越是个初一的男生，他聪明健谈，是个很讨人喜欢的孩子。但自从升入初中后，他的学习情况却不太乐观，用吴越自己的话说：“课程增多了，难度也加大了，我也没办法啊。”

这一天放学后，吴越叫上同学小李一起回家写作业，没用多久，两个人就把作业写完了。

吴越提议：“我们去看电视吧，或者是玩游戏？”

“可是我想复习一下今天的功课啊。”小李把作业收起来，拿出了笔记，“你也复习一下吧，你不是天天报怨课程多，功课难，学习跟不上吗？正好一块来复习功课。”

“复习？那不是考试前才会做的事情吗？你现在复习什么啊？”吴越不以为意，“那你慢慢复习吧，我要去看会儿电视。”

“考前复习是考前复习，每天学完新知识当然要靠复习来巩固啊。”小李见他执意要去看电视，也没拦他，自己摊开笔记认真地复习了起来。

☆☆☆

故事中的吴越升入初中后成绩不理想，他以为只是课程增多、难度加大造成的，其实最关键的因素是学习方法不对，没有及时复习。在他看来，复习是考前的工作，平时根本不需要在这上面花费功夫。其实不然，考前复习是对整个学期的知识点进行集中复习，并梳理全书的脉络，促进知识框架和体系在我们脑海中的形成，所以仅靠考前复习，是很难提升学习效果的。我们需要在平时及时对新学的内容进行复习，加强记忆。

很多男孩在做课后练习和家庭作业时，总会有这样的经历：有的习题总是不能顺利完成，不是公式不熟悉，就是解题方法忘记了，这就是没有及时复习的缘故。虽然我们在课堂上已经掌握了基本的知识，但对知识的理解还比较浅显，要想深入学习这些知识，还需要经过课下复习的阶段。所以，课下复习是对知识的继续学习，只有及时复习，才能更准确、深入地掌握所学的知识。

心理学家艾宾浩斯做过一个实验，他发现，学生在下课20分钟左右就会把课上所学的内容忘记一小部分，如果一天之内不进行复习，就会忘记60%左右，一个月后，就会忘记80%左右。他把自己的实验数据做成曲线，发现人们对所学知识的遗忘速度是先快后慢。这一结论也告诉我们，当天学习的内容一定要在当天复习，如此才能加深记忆，强化学习效果。

☆☆☆

小山是个认真好学的男生，但他最不喜欢的事情就是复习功课，他可以用心地学习新知识，但对于学过的知识能不看第二遍坚决不会看第二遍，最多在考试之前复习一下知识点。

这样做的结果很不如意，小山觉得自己学习的时候很顺利，考试结果却不太好。

他想找到原因，就去问同桌，同桌告诉他："我每天都会复习功课，老师说过，当天复习效果最佳，只是你不听而已。"

"是吗？可是我当天的知识听一遍就懂了，也会了，为什么还要复习一遍啊，多此一举，还浪费时间。"小山说道。

"为了加深印象，巩固知识啊。"同桌说道，"当天复习可以加深学习的印象，这样等到考前总复习的时候，会轻松很多的。"

"好吧，那我试试吧。"小山死马当成活马医，决定这段时间先试着当天复习，如果没效果，他就放弃。

☆☆☆

故事中的小山虽然认真好学，但忽视了当天复习的作用，总是把复习工作留到考试之前，结果复习效果不理想，考试成绩也有所下降。同桌告诉他，虽然我们已经掌握了当天所学的知识，但如果能够在课后及时复习，就可以加深印象、巩固知识。

课后复习也要讲究一定的方法。为了提升课后复习的效果，男孩可以参考以下几种方法：

第一，回忆复习法。一天的课程结束后，我们可以采取回忆的方式，把老师所讲的内容全部回忆一遍，这样既可以锻炼记忆能力，还可以检验自己的听课效果。如果我们可以独立地将当天所学的全部或者大部分内容回忆起来，就意味着我们在上课时比较专注，听课效果很好；反之，如果我们只能回忆起一小部分知识，就证明上课时注意力不够集中，听课效果不佳，需要改善听课方式、提高注意力。

通过回忆复习，我们也可以对自己的学习进行查漏补缺。如果在回忆的过程中发现有遗忘的部分，在复习时我们就会更有针对性，效果也更好。

第二，读书复习法。正所谓“书读百遍，其义自见”，复习时多看几遍书，可以加深对课本内容的理解，把基础知识掌握得更牢固。学习完当天的知识，我们应该及时把书本内容复习一遍，认真钻研其中的知识点，以强化学习效果。

第三，笔记复习法。很多成绩优异的学生都有一个出色的笔记本，其中记录了上课时的重点和难点，只要考前认真复习一遍，就能迅速巩固所学知识。而这些出色的笔记，都是他们平日里复习时整理的。所以，男孩在上完一天的课程后，应该及时把当天的笔记整理好，这样既能巩固基础知识，也能提升考前的复习效率。

复习侧重解决难点问题

我们都知道，基础知识是必须要掌握的内容，但在复习的过程中，除了要巩固基础知识外，还应该侧重解决难点问题。此外，知识点之间都是相互联系的，一个难点没有解决，就会影响我们对其他知识点的学习。所以男孩在复习的过程中，要侧重解决难点问题。

☆☆☆

肖伟是一名初二的男生，平时学习认真努力，上课认真听讲，作业也总是按时完成。可不知为什么，他的成绩总是得不到很好的提高。

这学期，肖伟决定要考个好成绩，所以比平时更加努力了。尤其是快到考试的时候，肖伟复习起功课来简直像打了鸡血一样，十分用功。

他打算把各科的课本和课后练习都看一遍。看课本的过程中，他发现有的地方还是不太懂，没有完全掌握。可他担心后面的内容来不及复习，所以没把不懂的知识搞明白就接着往下复习了。

在看课后练习时不管是什么题，他都要重新做一遍，有的题其实很容易。这导致他常常需要熬夜才能把题做完。

直到考前的那个晚上，肖伟还在做题，会做的题他又做了一遍，不懂的题却有很多没来得及弄明白。

结果，他这次考试又没有考到较好的成绩。肖伟十分难过，不知道问题到底出在哪里。

☆☆☆

故事中的肖伟学习很努力，但成绩一直很难提升，是因为复习方法不正确。他复习的重点是基础知识和自己已经掌握的内容，对于难点则一带而过，不认真钻研和解决，导致留下知识盲点，影响了学习效果和考试成绩。所以，男孩在复习时要认真解决难点问题，争取不留下知识盲点。

所谓难点，其实就是我们在课堂上没有理解透彻或者是完全不懂的知识点，虽然难点在考试时不一定会碰到，但如果能够将其解决掉，对我们梳理知识体系是非常有帮助的。例如政治学科，政治经济学就是一个难点，而且是每年必考的内容。如果我们能够突破这个难点，就可以解决与之相关的其他知识点，也可以在考试中发挥得更好。

☆☆☆

马上就要考试了，李松决定开始总复习计划。

这一天，他把所有的功课和笔记都拿出来，利用一节课的时间，把所有的科目都粗略地看了一遍。

同桌看到他这样复习，就很不屑地说道："你这哪是复习啊，这样看一遍一点效果都没有。"

"我只是要标记难点。"李松说，"我先把所有的知识点都串一遍，简易的内容就跳过去，遇到自己不会的，或者是比较难的地方我就会标注出来，复习的时候重点复习这些难点问题，这样主次分明，复习起来既能节约时间，又可以真正达到复习的目的。"

"听起来很有道理啊。"同桌对自己刚才的无礼表示了歉意，"刚才真是对不起啊，你能教教我这种复习方法吗？"

"当然可以。"李松笑道，"其实很简单，就是在复习的时候，先重点解决自己不懂的地方，哪里不懂就多看哪里。"

"好的，我去试一试，有不明白的地方再来问你。"同桌说着，也去复习了。

☆☆☆

故事中的李松在总复习时，先把所有的知识点都看一遍，简单的内容一带而过，难点则标记出来，以便重点复习。这样既能节省复习时间，也可以发现自己的知识盲点，然后一一突破。如果我们能够在考前将所有的难点、盲点解决掉，考试就会变得轻松很多。

当然，复习时最重要的是巩固基础知识，因为无论是哪个科目，考查的重点都是对基础知识的掌握，如果我们在复习的过程中能够把基础打牢，那么考试就有了一定的保障。在巩固基础知识的过程中，我们还要重视重点和难点，强化学习效果。

越到后期复习，需要巩固的知识点就越多，而我们复习的时间是有限的，既然不能在短时间内面面俱到地复习，就要对复习内容进行分类，然后按照主次顺序进行复习。首先，我们要掌握基础知识和重点知识，然后加强自己的薄弱环节，并突出解决难点问题。

以化学科目为例，在突破难点问题时，我们要特别重视易错题，以及与易错题相关的知识点和实验。化学属于理科，无论在平时的学习阶段还是在最后的复习阶段，都要重视对知识点的理解和应用，灵活地将知识点运用到各种习题中，做到举一反三。在复习阶段，我们要特别重视对精选习题和难点问题的解决，精选习题可以帮助我们熟练掌握解题方法，难点问题则可以提升我们的探究能力和思维能力，对学习效果和考试成绩的提升大有裨益。

纲举目张，用知识树的方式复习

在考试之前的一段时间里，老师经常用画“知识树”的方法帮助我们复习，这种方法可以促进复习进程有条不紊地展开。其实，学生也可以采用画知识树的方法进行自我复习。

我们要想了解自己的知识漏洞和盲点，首先要对所学知识进行综合、系统地梳理，而画知识树是最有效、最直接的方式。知识树的树干由重点知识组成，各个枝杈由无数基础知识组成，一个知识点往往可以引出一系列的定义、概念、公式、解题方法等。有知识树作为依据，我们的复习工作就会有逻辑、有顺序地展开。所以，男孩在复习各科知识时，不妨给自己画一棵知识树。

☆☆☆

肖天是一名初中生。新学期开始后，老师要求同学们每天回家后都要复习当天所学的知识，把没听懂的部分搞明白，查漏补缺。

肖天复习起来却找不到章法，有时候只是胡乱把知识点串一遍就算是复习了。

每次讲完一个单元，老师都会组织一次单元测试，并让大家通过这次测试发现自己的不足，进行针对性的复习。

肖天这次的测试结果并不如意，他知道，这和他复习不得章法有很大的关系。他虽然每天都很认真地去复习，但在考试的时候才发现，自己有很多地方都不明白，理解得不透彻，题也不会做。

☆☆☆

故事中的肖天复习时找不到章法，只能把知识点都复习一遍，做不到查漏补缺，考试成绩并不理想。他之所以无法找出自己的知识难点和盲点，是因为复习时没有一个完整的系统和框架，导致很多知识都被遗漏了。

知识树好比一幅地图，有了地图作为指导，我们在复习的过程中就可以明确目标，并选择一条荆棘最少、长度最短的路线，如此不但能大大节省复习时间，还可以提高复习效果。

做好知识树后，我们可以循序渐进地复习每一个单元、每一个学期知识，这样就不会落下任何一个知识点。如此一来，我们可以在复习阶段弥补自己的漏洞，攻克自己的薄弱环节，解决各种难题。对于知识树的树干内容，我们要下更大的功夫来复习，夯实基础；对于枝杈部分的细小知识点，我们可以进行选择性地复习。这样主次结合，复习的效果更理想。

此外，在解决基础知识和重点、难点知识后，我们还应该根据自身情况，为知识树“添枝加叶”，让复习内容更加丰富。比如补充一些平日遇到的易错题型，或者解答方式比较复杂的难题等。在认真钻研的过程中，我们也可以把很多知识点重新复习一遍，加深学习印象。

☆☆☆

钱雨是个勤奋刻苦的男生，身为一名初中生，他的课业比较繁重，但他一直有良好的学习习惯——经常积极复习功课。

钱雨在复习的时候有一个习惯，每次他都会把课本看一遍，详细地复习大部分知识点，还会找到各种题目来练习。但这种复习方法太笼统，背过的公式或者知识点他很快就会忘记，经常需要重新看书，做过的习题也没有新颖的解答思路，有时甚至不知道题目考查的是哪部分知识。

后来，有个学长教给了他一种复习方法——知识树式复习法。

学长说：“万变不离其宗，知识点与知识点之间也一样，都存在一定的因果关系或从属关系，把这些关系整理归纳，再进行复习，会得到事半功倍的效果。”

钱雨用学长的复习方法来复习，虽然一开始归纳的时候比较困难，但一旦把知识点整理好，复习起来又快速印象又深刻。

☆☆☆

故事中的钱雨虽然勤奋刻苦，但由于复习方式不正确，他的学习效果并不好。学长把“知识树式复习法”传授给他后，使他的复习效果大幅提升。每一个学科的知识点与知识点之间都存在一定的因果关系或从属关系，只有把这些关系整理归纳出来，复习时才会有事半功倍的效果。

运用知识树式复习法进行复习，我们的复习效率更高，收获也更多。这种复习方式便于整理基础知识，也可以有效提升我们的记忆速度。复习基础知识时，很多时候我们会采取单调的背诵方式，这种方式很难调动我们的学习兴趣和激情，而且收效甚微。有时我们用一节课好不容易背诵下来的内容，到第二天居然忘记了大半，不但没有效果，而且会影响我们的心情，打击我们的自信心。

其实每个学科的知识都不是杂乱无章的，知识点之间都存在一定联系，而知识树可以帮助我们把这些知识点构建起来，让这些知识更有调理、更系统。我们只要将知识树与书本、笔记和习题进行结合，就能很好地完成每个学习单元的复习。

画知识树时，我们首先要把一些重要的资料和信息收集并整理好，然后把这些知识点标记在知识树上，并寻找这些知识点之间的关系，如此就能起到加深理解、强化记忆的功效。当然，在画知识树时，我们还应该与同学们进行互动，互相参考大家的知识树，然后一起查漏补缺，争取把知识树的体系做得更加完善。

围绕重点知识进行辐射复习

在每个科目的学习过程中我们都会发现，几乎每一个学习单元都有大量的知识点，我们要想在考试中取得优异的成绩，就要争取把这些知识点全部掌握，特别是那些重点和难点。但是，仅掌握这些知识点还不够，我们还要通过这些知识点联想到其他知识点，甚至辐射到范围更大的知识面，然后点面结合，更加系统、完整地进行学习和复习。所以，男孩想在学习中脱颖而出，就要围绕重点知识进行辐射复习，全面掌握各个学科的系统知识，提升复习效果。

☆☆☆

蔡勇今年刚升上初一，课程的增多让他有些不适应，在考试前的复习中他遇到了困难。

复杂繁多的重点知识让他无从下手，老师标注的重点太多，他背得快，忘得更快。

“这可怎么办？到处都是重点知识，根本不知道从哪下手啊！”蔡勇苦恼道。

“在为复习苦恼吗？”他的同桌凑过来，也是满脸愁容，“到处都是重点，到底该怎么复习啊？”

“是啊，翻开书，到处都是重点，我虽然逐字逐句地阅读和记忆，但真正掌握了的知识并不多，做练习题时还是得不时查看课本上的知识。这种复习效率真的很低啊。”蔡勇说道。

同桌点点头，“如果能有好的复习方法就好了。”

“是啊”蔡勇也感叹道。

☆☆☆

生活中很多男孩都像蔡勇一样，随着课程的增多，考前复习对他们而言变得越来越难。因为他们一直把各个知识点孤立起来复习，所以一轮复习之后，能记住的内容非常少。他们非常苦恼，希望可以掌握一种能够将所有的知识点都联系起来的复习方法。其实，蔡勇这类学生可以尝试辐射复习法，当他们把各科目的知识点和面结合起来后，就不会再产生这种烦恼了。

在复习的过程中，我们应该如何使用辐射复习法，从一个知识点辐射至其他知识点，并涉及一个知识面呢？最基本的方法就是概念和知识推导。首先找出一个关键知识点，然后以这个点为依据，推导出一系列知识点，这些知识点就会组成一个知识面，将一个单元或者学期的知识系统、完整地展现出来。运用这种方式进行复习时，我们不但能够把每个知识点都复习到，还可以清楚地了解各个知识点之间的关系，从而构建出一个完整的知识体系。

以化学科目为例，在复习有关二氧化碳的内容时，我们可以以二氧化碳为一个点，然后辐射至二氧化碳生成的化合反应、置换反应、分解反应、其他反应等，如此便把与二氧化碳相关的知识点都联系起来，做成一个知识网络。从一个知识点出发，辐射了一个面的知识，可以帮助我们加强记忆，巩固复习效果。

☆☆☆

期中考试快到了，孙皓开展了总复习大计划，但要复习的知识点太多，翻开书，好像每一个知识点都是重点，如果全都系统地复习一遍，不仅要花费大量的时间，而且有可能前面记、后面忘，有更好的复习方法该多好他心想。

这一天，孙皓和同学王光光一起复习。孙皓发现，王光光复习起来十分迅速，他不禁问道："你不觉得老师画的重点太多了吗?好像整本书都是重点，都不知道怎么复习呢。"

"很简单啊，复习的时候，找出关键点，围绕这个关键点重点复习就可以了。"王光光说道。

原来，王光光采取了一种特别的复习方法：关键点重点辐射法。先找出一个关键知识点，然后再围绕这个关键点重点复习，并由这个关键点来进行联想，归纳其他知识，由点及面，这样复习不仅效率高而且全面，更能加强记忆，举一反三。

孙皓深受启发，也采用了这种复习方法，果然效果很明显。

☆☆☆

故事中的王光光在复习时采用了一种特别的复习方法：关键点重点辐射法。他先找出一个关键知识点，然后围绕这个关键点进行重点复习。在着重复习关键点的同时，他还对相关知识点进行联想和归纳，由点及面，既提升了复习效率，又加深了自己对各个知识点的记忆。我们在复习的过程中，也可以采取这种方式。

辐射复习法使用起来非常方便，只要抓住一个关键点，然后不断思考，寻找与其相关的知识点，并厘清各个点的关系即可，这样可以做到融会贯通。以历史学科为例，在复习"国家"这个概念时，我们可以联想到其本质和职能，然后又联想到奴隶制国家、封建国家和资本主义国家的本质和职能，并将这一知识体系做成一个网络，这样既方便整理知识，又能加深记忆，可以提高复习效果。

利用睡前进行快速复习

睡觉之前是一天之中最安静、最放松的时候，特别是一天的学习任务都完成后，我们的脑海中几乎没有任何杂念，如果能够抓住这段时间进行复习，效果会非常好。睡前看看课本，或者回忆一下课上所学的知识，能够加深对知识的记忆。而且在睡眠的过程中，我们的大脑还会对睡前所学的知识进行记忆和消化，如此一来就巩固了复习效果。所以，在日常的学习生活中，男孩应该抓住睡前的时间进行快速复习，可以起到事半功倍的效果。

☆☆☆

雷磊是一名中学男生，最近由于课业突然增多，他有一些不适应，学习起来颇为吃力。

为了改善这一情况，雷磊向同学请教了如何提高学习成绩的问题。

同学告诉他："平时多复习，有不懂的地方最好能马上解决，多做习题，多问老师，这样就差不多了。"

雷磊按照同学的建议开始了复习计划，其他科目复习得比较顺利，也很有成效，但语文和英语的效果不太明显，尤其是在背诵课文和记忆单词方面，他实在是不擅长。

"语文和英语该怎么复习呢？我总是记不住课文和单词。"雷磊再次向同学提问。

同学也不太擅长这两个科目，"对不起啊，我也不太清楚，要不咱们去问问其他同学？"他提议道。

于是，两个人就去询问其他同学，结果大家都没有特别好的复习办法。这可怎么办呢？

☆☆☆

故事中的雷磊通过多次复习、及时复习，成功地提高了很多科目的复习效果，但是语文和英语的复习效果依然不好。复习语文和英语时需要背诵大量的内容，如果我们没有较好的记忆能力，就无法在短时间内掌握更多的知识。而记忆能力并非短时间内就可以提升的，所以，我们只能努力寻找一种适合自己的复习方法，加深对知识的记忆。而利用睡前时间快速进行复习，就可以有效提升我们对知识的记忆。

在睡觉之前，我们可以复习一些需要记忆的内容，也可以回忆当天所学的知识，但学习的知识量不要太大，否则不但无法提升复习效果，还会影响睡眠。比如背诵10个英文单词，背诵一首古诗和一段文章，分析两个物理公式，解一道典型习题等。很多学生运用这种方法后，在复习时取得了很大成效。所以，无论是平日里的复习还是考前复习，男孩都可以充分利用睡前时间进行快速复习。

☆☆☆

邢俊上初中后开始学习英语，一开始，他信心满满，但没过多久，却在背单词上受到了挫折。

邢俊总是需要花费大量的时间背英语单词，但背完之后没过多长时间就会忘了。时间长了，他对英语都快要产生抵触心理了。

“英语怎么这么难学啊！这么多单词，要怎么背才能背得下来啊？”邢俊的自信心大受打击，认为英语不好学，慢慢地英语成绩就落后了不少。

“其实，我有一个好方法可以让你学好英语哦。”有一天，邢俊的好哥们儿神秘兮兮地对他说。

“什么办法？”邢俊问道。

“其实这也是我才摸索出来的方法，我觉得挺管用，你也可以试一试。”朋友对他说道：“我之前也总背不会单词，后来我心里着急，晚上睡觉之前也总想着背单词的事情，有几次我就在临睡前把当天学过的单词背一遍，没想到竟然有意外惊喜，临睡前背诵竟然记忆特别深刻，真的太管用了。”

“真的吗？我今天就试试。”邢俊很开心，当天晚上就利用睡前的十分钟时间背诵了几个较难记忆的单词，结果第二天醒过来真的没有忘。

后来，他又尝试用这种方法复习其他的功课，效果也十分明显，这让他对学习充满了信心，也对学习更有兴趣了。

☆☆☆

故事中的邢俊在背诵单词上遇到了麻烦，他每次花大量时间背下来的单词，过两天就忘了一大半，久而久之，他的英语成绩不断后退，自己对学习英语也失去了信心。采用睡前复习的方法后，他惊喜地发现，晚上背诵的单词，第二天竟然还记得。从此，他又对学习英语充满了信心，学习兴趣也更浓了。

睡前复习的确有显著效果，但并非所有的学生都适合这种复习方法。例如睡前十分疲惫的学生，或者一看书十分兴奋的学生，都不应采取睡前复习的方法。所以，男孩一定要根据自身的情况协调复习时间。

想提升睡前复习的效果，男孩需要注意以下内容：

第一，一定要明确复习目标，最好为每天的睡前复习列一个清单，这样可以提高复习的效率。

第二，尽量不要让自己的思绪受到扰乱，所以必须远离电视、网络游戏等。有的男孩睡觉之前喜欢看电视或者打游戏，这样会让自己非常兴奋，根本静不下心来复习，而且会影响睡眠。

第三，从复习开始就要全神贯注、专心致志。好的开始就是成功的一半，只要从拿起书本开始就专心致志地复习，就能迅速进入学习状态，而且效果非常好。反之，如果一开始就心猿意马、不在状态，那么整个睡前复习过程都会不太顺利，收获也会较少。

第四，复习时间不能太长，以免影响睡眠。一般而言，睡前复习时间应保持在半个小时左右，时间太长容易导致精神疲劳，既影响复习效果，也影响睡眠。

第六章

和“作业”交朋友

——作业是提升学习能力的有效途径

提起作业，大多数学生都是“深恶痛绝”，但是不得不承认，作业是检验学习成果、提高学习成绩的最直接、最有效的方式。写作业绝对不是“体力活”，而是需要动脑筋。在完成作业的过程中，男孩要学会用考试的心态看待作业。而作业，也是提高写字速度、培养仔细检查习惯的好方式。因此，男孩要学会和作业成为“朋友”。

作业是检验自己学习效果的最佳方式

很多学生认为，写作业是一件很麻烦的事情，而且不重要，根本不用花费课下的时间和精力。其实，写作业是学习过程中一个非常重要的环节，我们要正确看待并认真完成课后作业，这样既可以有效巩固课堂学习内容，也能锻炼解题技巧和思维能力。

☆☆☆

向凡是个聪慧的男孩，学习成绩一直不错，渐渐地，他骄傲了起来，对于学习越来越不上心了。

这一天放学后，同班的朋友叫向凡一起回家写作业，向凡摆摆手说："我学习已经够好了，还写什么作业啊，那些作业我都会做，就不用写了。"

"明天老师还要检查呢。"朋友说道。

向凡不以为意道："就说我丢家里忘拿了，写作业太浪费时间了。"

朋友没办法，只好独自一个人回家写作业去了。

从这天开始，向凡写作业的次数越来越少，每次都有各种理由向老师辩解，老师也拿他没办法，只好劝他认真对待学习和作业。但向凡从不听劝，总是说："反正我学习好。"

直到在一次月考中，向凡的成绩一落千丈，考得一塌糊涂，他才后悔起来。

☆☆☆

故事中的向凡认为，只要课堂上学习的内容都掌握了，就没必要写作业，而且仗着自己成绩不错，几乎每天都不完成作业，尽管老师和朋友们都劝诫他认真对待作业，但他充耳不闻。久而久之，他的学习成绩一落千丈。向凡的成绩之所以会下降，是因为他没有正确看待作业，也没有认真完成作业。可见，写作业对学习成绩的提升有很大影响。

其实，写作业是一个独立思考的过程。在写作业的过程中，我们会运用课上所学的知识来解决各种问题，从而提升学习能力。德国思想家、作家歌德曾说：“单学知识仍然是蠢人。”这是说，除了课堂上的学习外，我们还要通过课外作业等方式来巩固所学的知识，否则学习效果会很不理想。

此外，写作业还可以检验我们的学习效果。正如美国一位学者所说：“你先试图很好地理解基本概念，然后去做许多习题，包括书中给出的习题和你自己提出的问题。只有这样，你才能鉴别你自己的理解情况。”很多时候，我们总以为自己已经掌握了课本上的知识，但一做习题就会遇到困难，这就是因为没有很好地掌握知识，无法将知识转化为做题的能力。

☆☆☆

李项项是班里的学习委员，一直以来，他的学习成绩都很好，是老师眼里的模范生，是同学们眼中的榜样。

随着课业的增多和加重，李项项突然对好像永远也做不完的作业产生了抵触心理。他总是对朋友抱怨：“为什么一定要写作业啊，我的学习成绩不错，难道就不能有个‘作业免写权’吗？”

朋友笑着摇头道："怎么可能，你不写作业怎么知道学过的知识有没有很好地掌握！你只是想偷懒吧，别找借口逃避作业了。"

李项项还是不甘心，第二天放学后忍不住找到老师，说出了自己的想法："老师，我觉得我已经掌握了今天的知识，没必要写作业了。"

老师问："写作业是检验你的学习效果，并且巩固一下今天的学习内容，是一项很有必要的提升学习的举措。"

"可是我觉得我已经会做了，为什么还要浪费时间在无休止的作业上呢，我还是觉得我没必要写作业。"

"那么，我们来打个赌吧。你一个星期不写作业，如果学习下降了，以后就老老实实写作业，如果不退反进，那么你想怎样就怎样。"老师说道。

李项项连忙点头："好啊，老师这可是你说的，别说一个星期了，就是一个月，一年不写作业我也对自己的学习能力有信心。"

一个星期后，李项项输了，他这才知道写作业的重要性，原来看似枯燥乏味的写作业在学习中还有这么大的作用。

☆☆☆

写作业是检验我们的学习效果、巩固学习内容的一种方式，但故事中的李项项认为，他既然已经学会今天的知识了，就没必要浪费时间写作业了。为此老师和他打了一个赌，认为他如果一个星期不写作业，成绩肯定会下降。李项项不以为然，居然答应和老师打赌，还扬言哪怕是一个月、一年不写作业，成绩也不会下降。可事实是，一个星期的模拟考试中，他的成绩下降了。可见，写作业对学习有很大作用。

对学生而言，写作业是很有意义的。首先，写作业可以检验我们的课堂学习效果，如果写作业的过程中没有遇到什么困难，就证明我们的学习效果不错；反之，如果写作业的过程中遇到阻碍，就证明我们要努力提升学习效果了。

其次，写作业可以巩固知识，避免将一些概念、公式等混淆。而且在写作业的过程中，我们也可以找出各个知识点之间的联系，从而达到复习的效果。

再次，写作业可以锻炼我们的思维能力。写作业本来就是对知识进行运用，如果遇到任何问题，我们都会努力思考，对问题进行分析和解决，那么我们的思维能力就可以得到锻炼。

最后，写作业还可以提升做题技巧。我们如果不写作业，就只能掌握一些浅显的知识点。只有把知识点运用到习题中，才能不断提升我们的做题技巧，从而提高考试成绩。

正确认识写作业的益处后，我们就能够以积极的态度对待课后作业，并高质量地完成作业。如此一来，我们的学习热情就会被激发，成绩也会有所提升。

要像对待考试一样认真对待作业

作业是学生时代永远无法回避的内容。写作业是提高学习成绩非常重要的方式之一，也是加强对课堂知识的记忆和加深理解的必要手段。作为学生，认真、及时、准确地完成作业是一项义务，更是一种责任。

作业是对学生学习能力的一种检测。作业可以直接反映一个学生学习能力的强弱和对知识的掌握情况，也可以体现一个人的学习态度。俗话说字如其人，作业亦是如此。作业的字迹、正确率等方面都是对学生学习心态、认真程度的直接体现，因此男孩必须认真对待作业，将作业和考试“一视同仁”。

☆☆☆

李景鹏是名小学生，学习成绩不错，对待学习也很认真，但每天一到写作业的时候，就马虎起来。总是写一会儿玩一会儿，很难认认真真地一次把作业写完。

每次有人提醒他要认真写作业的时候，他都满口答应，但该马虎还是马虎。

有一次，老师找到他，说：“你写作业就像完成任务一样，只求快求量不求质，错误率和空题率高，而且书写马虎、字迹潦草，页面也不整洁，你这样对待作业是很不正确的。”

“我觉得挺好啊，只要我能完成作业不就行了吗？”李景鹏不以为意道。

“你看看，这是你的考试卷子，”老师又拿出几张卷子对他说，“你每次考试的卷子却认真很多，你为什么不能在写作业的时候也这样认真呢？”

“作业和考试不是一码事吧，”李景鹏说，“考试的时候如果卷面不整洁、字迹潦草会被扣分的。”

老师却说：“不，这是一码事，只要事关学习，就都要认真地对待。”

☆☆☆

故事中的男孩李景鹏学习成绩虽然不错，但就是在写作业时总是难以认真。在他的理解中，作业完成即可，至于完成的好坏程度与对待作业的态度认真与否都不重要。许多男孩和李景鹏一样，考试的时候是认真的，但是写作业的时候却总是马马虎虎的。如果长期保持这样的习惯，一旦“不认真”成为一种常态，那么这种常态就不仅会影响写作业，而且会慢慢影响考试，最终影响学习成绩。

作业是很多学生头疼的问题。诚然，作业总是让人有种“写不完”的感觉，并且随着年级的升高也会变得越来越繁重。但是，这些并不能成为我们将作业当作“包袱”的借口。作业并非老师惩罚学生的手段，而是帮助学生理解和运用知识的方式。因此，写作业是一个学习的过程，而非完成任务的过程。

☆☆☆

冯黎总喜欢在客厅里一边看电视一边写作业。

有一次，同学来他家和他一起写作业，冯黎又习惯性地打开了电视。

同学吃惊问道：“咱们不是要写作业吗？你怎么把电视打开了？”

“一边写作业一边看电视，这样不无聊。”冯黎说道。

同学摇头道：“难道你考试的时候也能一边看电视一边考试？快把电视关了，咱们认真写作业吧。”

“你学习这么棒，难道是写作业写出来的成绩？”冯黎开玩笑道。

没想到同学认真地点头说道：“那当然和认真写作业有一定的关系，面对学习的时候，我们一定要时刻保持认真的态度，写作业就像考试一样严谨。”

“哦，原来是这样啊，那我把电视关了吧。”冯黎被同学说得有点不好意思。

“还有，我觉得客厅这个环境不太好，分散注意力的东西太多了，你家有书房吗？换一个有益于写作业和学习的环境会更好。”同学又说道。

“你还得寸进尺了，有书房，走吧，咱们去书房写作业。”冯黎拿起书包一边开玩笑，一边领着同学去书房写作业了。

☆☆☆

故事中的冯黎写作业时喜欢看电视，也对写作业的环境并不是非常重视，由此可以看出，他对待作业并非十分认真。正如他的同学所说，好成绩也和认真写作业有分不开的联系，面对学习，只有时刻保持认真的态度，才能学到知识、取得好成绩。

作为男孩，要学会将写作业和考试放在同样的高度上，用对待考试的认真态度来完成每一次作业。

首先，要营造一个类似于考试的环境，让自己能够认真地静下心来写作业。环境对于学习而言非常重要，只有一个安静、严肃、适宜的环境才能保证高效的学习，考试是这样，写作业亦是如此。写作业的时候不要打开电视，也不要三五个人聚在一起交头接耳，而是独立完成。

其次，写作业也要有时间观念。在写作业之前，根据作业的量和难易程度给自己设定一个时间，在规定的时间内按时完成作业。这种模拟考试的方式能提高自己的完成速度，可以帮助我们在考试中更加顺利地完成答卷。

再次，写作业一定要用心，不能一味想着尽快完成而不顾正确程度，却错误百出。因此在写作业的时候一定要注意正确率，做每一道题时都要认真思考、用心完成。认真也是一种习惯，这种习惯也需要在日常的作业中反复锻炼，这样才能在考试中也能够认真对待每一道题目。

最后，要养成检查作业的好习惯。许多男孩写完作业后立即放下笔、合上作业本，不再理会，却将许多本可以避免的错误留在了作业中，也将做题不细心或者错误的思维留在了自己的脑海中。久而久之，导致考试中也会出现同样的错误。因此，男孩一定要学会写完作业认真检查，学会发现并改正错误，这样在考试中才能及时改正错误，提高学习成绩。

写作业时提高答题速度

有的男孩在考试时总是会遇到这样的问题：试卷答不完。并非试卷题量太大导致时间不够用，而是自己总是“写不完”。

有的男孩平时写作业习惯于磨磨蹭蹭，写几个字就要停下来，这里翻翻，那里看看，总是闲不住。有的男孩写作业时没有时间观念，即使半个小时能完成的作业，也会拖拖拉拉，两三个小时还没完成。这样的男孩有时候心里会想：“反正写作业的时间多的是，慢慢写。”但正是这样的想法，让男孩在不知不觉中降低了完成作业和考试的速度，也导致自己的思维转得不够快，考试时会“心有余而力不足”。因此作为男孩，在平时写作业的时候就要刻意练习提高速度，只有这样才能在考试中提高答题速度，在规定的时间内完成试卷。

☆☆☆

吴天桦学习很认真也很出色，经常有很多同学围绕在他周围向他请教各种不懂的问题。很多大家不会做的、毫无头绪的题目，到了吴天桦的手里就变得游刃有余了，而且吴天桦讲解得很详细，有时候甚至比老师讲的还是要简要明了，同学们都很喜欢和他一起学习。

但是吴天桦的考试成绩却很平庸，很多时候，都是因为他在考试的时候做不完所有的题目。吴天桦自己也十分苦恼这个问题，但他实在不知道如何提高答题速度。

其实，答题速度过慢是吴天桦学习时候的一大常态。每天在写作业的时候，他也是慢悠悠地写。其他人半个小时能做完的题目，他总是要花上一两个小时才能做完。

老师对此他也十分头疼，总是提醒他要提高答题速度，不要把时间浪费掉。

他问老师："那我该怎么办呢？"

老师说："首先，你要在日常写作业的过程中逐渐提高速度，快速答题，这样等到考试的时候，你自然就会提高答题速度了。"

☆☆☆

故事中的男孩吴天桦虽然答题的正确率很高，但是他的成绩却很普通，因为他考试时无法按时完成所有题目，究其原因，就是平时写作业的速度太慢了。他习惯于慢慢完成作业，长此以往，不仅写字的速度慢，连思考问题的速度也会变慢，甚至于速度提高时，他会对自己产生不信任，觉得自己的答案是错误的。因此，也会更加习惯"慢慢来"，这便形成了一个恶性循环，导致写作业的速度越来越慢，自然考试时无法按时完成答卷。

考试时的完成速度直接影响着考试成绩。完成速度快的学生还有时间来检查试卷，对自己做过的题目进行检验，提高正确率。不能按时完成试卷，首先会给学生造成心理上的负担，容易让人慌神，如此一来，原本紧张的考试心情会变得更加紧张，答题的速度就会变得更慢，正确率反而会下降。反之，如果在考试时间上游刃有余，思维上逻辑清楚，下笔又快又准，自然也会自信心倍增，学习成绩就理所当然会有所提高。因此，男孩一定要提高自己的答题速度。

☆☆☆

赵子文在写作业的时候总是很磨蹭。这样的习惯经常在考试的时候拖他后腿，使他不能在规定时间内答完所有的题目，影响了赵子文的成绩。

“我怎么样才能提高答题速度呢？”赵子文很发愁。

“你平时写作业的时候提高点速度，慢慢练，速度不就上去了。”同桌笑道。

“可是我平时写作业的时候也不知道快慢啊，总是什么时候写完什么时候算。”他苦恼道。

“你可以给自己设定个时间，限制每一科作业必须在规定时间内完成。”同桌提议道。

“这倒是个好方法。”赵子文点点头，不过很快又苦恼道：“那如果我总是在规定时间完不成呢？”

“嗨，你怎么这么笨呢，你先定一个时间，如果总是在这个时间内完不成，你就适当地延长时间，当时间合适之后，你再一点点缩短时间，这样时间一久，不就提高速度了吗？写作业的速度提高了，考试的时候速度自然就提高上去了。”同桌笑道。

赵子文一听这个主意好，决定从今天开始就按这个方法来。

☆☆☆

故事中的男孩赵子文写作业时总是很慢，这个习惯让他在考试中吃亏不小。为了提高答题速度，他的同桌给他出主意：给自己的作业“定时”。在规定时间内完成作业，如果完不成就适当延长。这个办法其实很有效果。有的男孩之所以写作业拖延，就是因为没有时间观念，坐在书桌前就无视时间，任由自己无限制地拖延下去，久而久之完成作业的速度在下降，考试时答题速度也会跟不上。

要想在考试中取得好成绩，首先要保证在规定时间内完成全部题目。因此男孩必须学会提高自己的答题速度。

首先，男孩在写作业之前给自己规定时间，提醒自己拒绝拖延。写作业之前设定一个闹钟，时间到了看自己是否能够完成作业，如果没有完成，可以适当延长一点时间继续完成。同时必须思考没有完成的原因，是因为写字速度慢还是思维逻辑慢。找到原因之后，对症下药，解决自己完成作业“慢”的问题。

其次，男孩要懂得熟能生巧，只有熟练掌握知识，才能又快又好地完成作业和考试。很多时候写作业或考试过慢是因为对知识点记忆不够准确和理解不够深刻，因此在需要调动知识点时总是有些延迟。所以，男孩可以通过平时多做练习、勤加思考的方式来加深对课堂知识的理解，并在大量的习题中提高自己运用知识的能力。作业就是很好的锻炼方式，但其要求男孩在写作业时必须独立，不能依赖课本或者他人的讲解。

最后，可以通过一些文字游戏来提高自己的写字速度。男孩平时在写字时要刻意提高自己的写字速度，比如练习在一分钟内写20个字，然后慢慢提高速度。写字速度与坐姿、握笔姿势等有很大关系，平时也要适当注意。

养成做题后仔细检查的好习惯

有的学生在写完作业后迫不及待地放下笔，然后对作业不闻不问。但其实这样的做法留下许多“后患”。

粗心大意、马马虎虎基本上是每个男孩都会犯的错误，尤其是在作业中，很多男孩总是避免不了因为粗心而出现不该有的错误。因此写完作业检查的习惯尤为重要。

仔细检查作业也是一种能力。如果一个男孩在平时写作业的过程中没有养成仔细检查的好习惯，那么在考试中，他就无法仔细检查、发现自己的错误。因此，为了提高自己的学习成绩，男孩也要学会写完作业仔细检查，及时发现自己的错误并改正。

☆☆☆

浩浩是一名初中男生，学习很刻苦，但总是不够认真。

有一次，考试结束后，同学们三三两两聚在一起讨论考试的题目。有一道题浩浩听着十分的陌生。

“这是哪道题？我好像不记得有这道题啊。”他问同学。

同学说：“你马虎的毛病又犯了吧，肯定没有检查吧。这可是一道大题呢。”

“啊？惨了惨了，我好像真的忘记做了。”浩浩哀号一声，心里想着，这次的成绩肯定要很差了。

浩浩的思维转换得比较快，但是他总是很粗心，这次考试中就是因为做完题后没有检查而落下了一道大题没做。

浩浩无精打采地回到了家，翻开书本写起了今天的作业。一写完他就把作业本扔到了一边，第二天一大早匆匆收拾好书本就去上学了。

“浩浩，你今天的作业又漏写了好几道题，还有几道题明明不应该错还答错了，拿回去重写。”老师检查完作业后对他的表现十分生气，让他把昨天的作业重新做一遍。

拿到作业浩浩才发现，因为疏忽，作业本上错误百出，还都是不应该犯的错误。

自己不管是写作业还是答题总是这么马虎，这可怎么办？

浩浩十分苦恼地找到了老师，想让老师帮帮他。

老师问他：“你平时写完作业之后检查吗？”

浩浩摇摇头，“没检查过。”

“你看，这就是问题的症结所在了。”老师语重心长地说，“不管是写作业还是考试，你都要养成完成题后检查的好习惯。检查的时候，不是扫一遍，而是认真仔细，这样不仅能提高写作业的正确率，减少错误的发生，而且可以查漏补缺，加深自己对知识的理解度。”

“这么多好处啊。”浩浩十分吃惊地说道。

“当然了，完成题后仔细检查的好处很多呢，你一定要养成这样的好习惯，到时候，你现在苦恼的问题自然就会迎刃而解了。”

老师鼓励道。

“好的，谢谢老师，我知道该怎么做了。”浩浩高兴地告别了老师。

☆☆☆

故事中的男孩浩浩一直忽视写完作业检查，而本身丢三落四的他又常常因为粗心而犯错误。他在考试中甚至因为粗心而没有看到题目，最终丢失了分数。但如果从一开始浩浩就能养成写完作业认真检查的好习惯，就能将这样的失误降到最低。由此可见，写完作业仔细检查是有效提高学习成绩的方法之一。

仔细检查是重新审视自己完成作业结果的过程，是发现自己的问题、查漏补缺的过程。但是并不是所有人都能够在这个过程中发现问题。有的男孩即使检查也无法发现自己作业中存在的问题，因此这样的检查也是没有意义的。

☆☆☆

乐乐是个性子特别急躁的男孩。他为了多看一会儿动画片，每次都是急匆匆写完作业，然后将作业本抛在一边。看着他作业本上都是红红的叉，妈妈又着急又生气。一开始妈妈替他检查作业，每天乐乐写完作业，妈妈就为他检查每一道题，找出错误，然后盯着乐乐进行改正。这样一来乐乐倒是很高兴，因为作业本上红红的叉再也看不到了，但是半个学期过去了，妈妈非常苦恼。因为每天为了检查乐乐的作业，花费了她很多时间，而且乐乐自己并没有学会检查自己的作业，考试的时候和以前一样粗心大意，依然错误百出。

“乐乐，以后你的作业自己检查，自己改正！”妈妈拿着乐乐的作业本对他说。

“为什么？不是一直都是你给我检查的吗？而且你知道的我自己不会检查啊！”乐乐一边看电视一边对妈妈说。

“我全部替你完成了，你自己并没有学会检查！考试的时候你依然还是会犯错，所以以后你要自己学着检查作业，改正错误！否则你永远都不会得到成长。”妈妈说道。

“好吧，自己检查就自己检查！”乐乐心里有些不高兴，但是妈妈都这么说了，为了“证明”自己的能力，他决定要自己检查作业！

“好难啊！而且我看不出来有什么问题啊！”晚饭后，乐乐拿着自己刚写完的作业在检查，但是他自己却什么问题都发现不了。看着抓耳挠腮的乐乐，妈妈又忍不住看了看他的作业。

“你看看你，第一遍做的时候做错了，检查的时候依然犯一样的错误！让你检查不是让你把犯的错再犯一次，你能不能用心一点！”妈妈生气地说。

乐乐心虚地低下了头。因为检查的时候他并没有用心，而是将过程照抄一次，得出的结果当然跟之前一样，出现的错误也并不会改正。

☆☆☆

故事中的乐乐就是一个不会检查作业的男孩。他所谓的检查，就是将第一遍的过程重复一次，而没有真正用心地思考自己有没有出错。而且，妈妈的帮忙导致他更加依赖他人，而不是想办法依靠自己、提高自己的能力，长此以往，只会让他的粗心犯更多的错误，直接会对学习成绩造成非常不利的影响。

作为男孩，在学习中一定要养成写完作业仔细检查的习惯。首先，男孩要有足够的耐心，将自己写完的所有作业重新验算一遍，在这个过程中要带着重新写作业的心态，而不是简单地重复一遍之前的计算。

其次，男孩要学会高效、快速地检查作业。由于将作业重新验算一遍会比较耽误时间，尤其在考试中，无法有充足的时间来完成检查过程，因此要学会高效地检查作业。比如留下自己做题的草稿，最好在草稿纸上的计算过程能够字迹清晰、整齐，让人一目了然，这样也方便寻找出错的地方。

最后，男孩要学会认真、细致地写作业、答试卷，只有将这个过程认真完成，才能省去更多麻烦的过程。男孩要明白答题的过程才是最主要的，不能将所有的希望都寄托在写完作业之后的检查上。只有这样，才能真正提高学习成绩。

不同科目写作业的方式各不同

写作业需要讲究方法吗？当然需要！

写作业不是简单地重复体力劳动，而是对所学知识的巩固和加深理解，是一个再次学习的过程。因此这个过程也是要讲究方法的。

作为学生，需要完成作业的科目有很多，而每个科目的特点都不尽相同，所以对学生的要求也是不同的。因此男孩一定要学会将各科作业区别对待，采用最合理的方式完成作业，将作业的作用最大化。

☆☆☆

李天小学学习成绩一直很不错，他是个记忆力很好的男孩，平时写作业也非常认真。升入初中之后，李天依然像小学的时候一样，每天都要花费很多时间在作业上。初中的科目要比小学多很多，因此，他花费在作业上的时间也比小学多了很多。

李天依然相信“好记性不如烂笔头”，因此每一科他都做大量的练习。李天每天将时间均匀地分配给每一科目，平均每一科目都要花费一个半小时来完成。李天语文成绩一直很不错，上了初中也是一样。因此语文作业对于他而言，一个半小时绰绰有余。但是李天的数学成绩一直不是很好，一个半小时用来写数学作业又不够，但是时间一到，他又得换其他的作业，不然下一科又要做不完。李天经常因为作业搞得自己手忙脚乱，但尽管如此，他的成绩并没有得到提高，反而有了下降的趋势。

爸爸看着李天每天写作业特别辛苦，忍不住问道：“你每天作业都有这么多吗？看你一直都在写作业。”

“老师布置的作业并不是非常多，但是每一科我都安排了学习时间，作业写完了也要再找练习题啊。”李天说道。

“这样岂不是很累？而且其实这样的做法并没有太大的作用啊。”爸爸说道。

“为什么呢？学习难道不应该花时间吗？不应该多写作业吗？”李天很不解。

“是，学习是应该花费时间，写作业也非常重要。但是也要根据自己的实际情况来安排作业的完成情况。比如自己擅长的科目，写完了作业就可以适当减少时间，而自己不擅长的科目就要多花时间来学习。还有，有的科目需要清晰的思路，比较适合在早上完成，这样更有利于人思考，而有的科目需要大量的重复以加强记忆，这样可以放到你思维比较疲惫的时候来完成。”

听了爸爸的话，李天感到很不可思议，原来写作业也是要讲究方法的！

☆☆☆

故事中的李天虽然是个写作业非常用功的人，每天花费在作业上的时间非常多，但是他却越来越感到学习非常“累”。李天没有根据作业的不同以及自身的特点来安排作业的完成情况，“一视同仁”地对待所有作业，只能导致他将大多数时间浪费，最后事倍功半。显然，这对于学习紧张的学生是非常不利的，长此以往不仅影响学习成绩，而且影响自己的生活娱乐和身体健康。

不同的科目有不同的特点，例如语文、英语、历史等偏文科类的作业考查的重点在于对知识点的记忆和理解，因此需要大量的练习与阅读巩固知识，扩展知识面。而数学、物理等偏理科类的作业考查的重点在于学生融会贯通的能力、理解能力以及计算等能力，因此更需要清晰的思维和灵活的变通能力。大脑在不同的时间的状态也是不同的，因此男孩要学会根据不同科目作业的特点来选择写作业的时间。

☆☆☆

王蒙学习成绩一直不是很好，尤其是他的作业，总是做得又慢、正确率又低。但是他发现同桌并没有这样的烦恼。一样的作业，同桌却能又快又好地完成。王蒙发现同桌每节晚自习都会写不同的作业，比如他在一开始写数学作业，但是写一会儿就开始看语文书，似乎他写作业总是没有“章法”可循。再看自己，王蒙总是有什么作业就写什么，从来不多加思考和选择。因为在他看来，什么作业都是一样的，都必须要写完。因此写作业也就不分先后顺序。

王蒙发现自己的作业总是错误很多，而同桌却是轻松做到正确率很高，而且对知识的掌握也更好。王蒙感到很不解，一天他忍不住问同桌：

“晚自习就那么短时间，你为什么不坚持写一科作业呢？”

“因为我觉得这样效率更高啊。在我头脑比较清楚的时候我就多写数学这些科目；在我需要休息的时候，我就多写需要加强记忆的科目，就当调节大脑了。有的作业不一定要靠笔才能写啊，比如地理作业，平时多看看地图、地球仪，也能掌握很多知识。”

听了同桌的话，王蒙若有所思。“真的是我写作业的方法错了吗？”

☆☆☆

故事中的王蒙对写作业并没有规划，晚自习的时间总是随便写作业，但是总搞得自己十分忙碌却收效甚微。再看同桌，虽然一节自习时间很短暂，但是他却能够有效利用，根据自己的状态和不同的作业调整自己写作业的方式，最后取得了很明显的效果。

不同的作业有不同的完成方式，作为男孩，要想取得良好的成绩，就必须学会根据作业的不同特点和自己的学习习惯来调整完成作业的方式。

首先，男孩要学会将自己最清醒、效率最高的时间留给最需要逻辑思维的科目。有的男孩在早晨最清醒，有的男孩在晚上思维最敏捷，因此要根据个人习惯，选择最佳时间完成诸如数学、物理等需要逻辑性的科目作业。

其次，男孩要明白作业不仅可以依靠笔来完成，还可以依靠其他的方式。有的科目需要良好的记忆能力，有的科目需要很强的动手能力，这就需要男孩根据不同的科目特点有针对性地选择不同的方式来完成。写作业不仅可以依靠手，还要加强记忆，例如语文、英语等科目，需要大量的记忆，因此必须加强背诵和温习。

最后，男孩要学会灵活变通，根据不同的情况及时调整自己完成作业的方式。实践出真知，只有通过自己的不断实践，才能找到最适合自己的方法。因此，男孩必须学会灵活变通，不被固有的方式限制住自己的思维。

研究一套“学习大法”
——方法正确才能学得又快又好

好的学习方法对于提高学习成绩而言，是锦上之花。学习方法是提高成绩的最核心部分，自然也是最难掌握的部分。学习方法的精髓除了高效，更是适合。并不是使用状元的学习方法之后就能成为状元。要想让学习方法真正为自己所用，男孩就要学会根据自己的特点来总结学习方法。

合适的方法是学习的捷径

法国物理学家朗之万曾说："方法的得当与否往往会主宰整个读书过程，它能将你托到成功的彼岸，也能将你拉入失败的深谷。"读书的方法尚且如此重要，更何况是学习呢？在学习的过程中，努力与坚持非常重要，但如果没有目标、不讲方法，我们学习起来就会非常吃力，而且效果也往往不理想。所以，男孩要找到适合自己的学习方法，让自己的学习事半功倍。

☆☆☆

郑凯旋学习很努力，每天都认真完成作业，而且经常学习到晚上10点多钟，可是成绩一直不见提高，他十分苦恼。

一次期中考试结束后，他无力地趴在桌子上，情绪很不好。同桌见了，问道："怎么啦，考砸了？"

"唉，好几道题我都不会做，你说我也没少在学习上花时间，怎么总是学不好呢！"他生气地说。

"的确，我们这几个人之中，就你最努力，怎么考试总是不理想呢，有时候还不如我呢。"同桌也觉得很纳闷。

"我猜，可能是你的学习方法有问题。"坐在后面的同学听了他们的谈话，把身体探过来说。

"学习方法？"郑凯旋和同桌异口同声地说，很显然，他们对这个词并不是很熟悉。“大家的学习方法都差不多呀，每天上课、写作业，还能有什么新鲜的？”郑凯旋纳闷地问。

“虽然都是上课、写作业，不过很多人的学习方法是不一样的。不信你去问问咱们班的前十名，他们的方法肯定和咱们不一样。我听说咱们班的学霸，每天学习的时间还没有你的长呢！”坐在后面的同学继续说。

“真的？那我必须要去向人家学习学习！”一想到能花较短的时间取得更好的成绩，郑凯旋就兴奋不已。

☆☆☆

故事中的郑凯旋一直非常努力，但学习成绩一直没有提高，其关键在于没有找到正确的、合适的学习方法。学习方法很重要，只有掌握适合自己的学习方法，男孩才可以在学习的过程中找到窍门，变被动为主动，进行有目标、有步骤地有效学习。而且，科学、合适的学习方法，还能够培养男孩的自学能力，提升男孩的学习兴趣。

很多人认为，学习成绩的好坏与智力高低有很大关系，其实不然。科学实验证明，大部分学生的智力都在70~130，只有少数人的智力偏低或者偏高，而成绩较好的学生，大部分的智力都在标准范围内。所以，智力并不是决定成绩的最关键因素。科学家经过验证和调查，发现影响学生成绩的关键因素是学习方法。

学习方法不是一成不变的，不同的阶段、不同的科目和不同类型的知识点，都需要不同的学习方法，如果方法掌握得好，很多男孩都可以取得不错的成绩。想成为成绩优异的男孩，就必须找到一套“学习大法”，让自己在较短的时间内实现有效学习，这样才能快速提升成绩，走在前面。

最基本的学习方式是：课前预习、课上认真听讲、课下总结复习。如果男孩能够认真把这几个环节做到位，就可以牢固地掌握最基础的知识，然后再适当使用目标学习法、矛盾学习法、思考学习法等来提升自我，拓展自己的思维，挖掘自己的潜能。

☆☆☆

“你这几天怎么总是垂头丧气的？”同桌问张扬。

“还能为什么，不就是成绩没进步嘛！”张扬往桌子上一趴，整个人都有气无力的。

“你不是用了很多学习方法吗？怎么这些方法都不管用啊？”同桌问道。

“可不是嘛！那么多学习方法，我几乎都尝试过了。什么目标学习法、问题学习法、矛盾学习法、联系学习法、思考学习法、合作学习法、循序渐进法等，没有一个管用的！”张扬抱怨道。

“哇，你真厉害，知道这么多学习方法！”同桌佩服地说。

“知道有什么用，关键是这些方法都没效果。”张扬强调地说。

“我觉得是你的使用方式有问题。”同桌猜测说。

“不可能，我每天都花很多时间来研究这些方法，也是按照这些方法的步骤一步一步来的。”

“你有没有想过，你花太多时间来研究学习方法，却忽略了学习本身？”同桌听出了问题所在。

"你继续说。"张扬觉得同桌说得有道理。

"方法再多、再好，但是如果你不踏踏实实、勤奋努力，成绩也是很难提高的。所以说，这些方法只能辅助你学习，真正提高成绩的还是勤奋努力。"同桌说道。

"原来是这样。"张扬若有所思地说。

☆☆☆

故事中的张扬一味尝试各种学习方法，却忽略了学习本身，本末倒置。其实这则故事也是在告诉我们，勤奋是一种良好的学习方法，而且是基本的学习方法。无论我们尝试多少种新奇的方法，如果不投入努力和汗水，最终也不会有太多收获。

学习好比是做乘法题，成果=时间×方法，如果时间投入得很少，即便方法再高明，成果也不高。所以，男孩在了解各种各样的学习方法时，也不要忘记付出时间和汗水，只有付出才会有收获。

各科目的学习方法区分开

学习方法有很多，男孩在总结或者寻找方法时，除了要根据自身的特点外，还要注意各个科目的区别。每个科目都有自己的特色，所以应该对应不同的学习方法，只有这样才能牢固地掌握各个科目的知识，并且学通、学精，取得最有效的学习效果。

☆☆☆

"盼望着，盼望着，东风来了，春天的脚步近了。一切都像刚睡醒的样子，欣欣然张开了眼……"陶然正在努力背诵课文，就快考试了，他还有很多知识需要复习。

“你都背了一天的课文了，这样能记住吗？”小刚问道。

“不背怎么办啊，语文不就是背诵吗？”陶然说完，又低头背诵起来。

“哥们儿，谁告诉你语文只是背诵的！如果背诵就能把语文学好，那就太容易了！”小刚笑着说。

“那你说，语文还有什么可学的？”陶然不以为然地说。

“这些字词、古诗和课文，当然是需要背诵的，但是，阅读题、分析题和作文，怎么背诵？”小刚问他。

“嗯，阅读题、分析题的确不能背诵，每次考试的题目都不一样，背了也没用。可是，我该怎么办呢？我一直都是这么学语文的。”陶然很沮丧，他说：“除了语文，包括政治、历史、地理、生物、化学等，我几乎都是用背诵的方式学的，怪不得成绩总是不理想。”

“别看语文、历史、政治、地理都是文科，但差别还是很大的，你不能只用一种方法来学习，而且即便是一个科目，也不能总是用一种方法学习，应该灵活运用各种学习方法。”小刚告诉他。

陶然很赞同他的说法，决心改正自己的学习方法，把各个科目的学习方法区分开。

☆☆☆

故事中的陶然以为文科只需要背诵，所以在学习语文、历史、政治和地理时，都只用背诵的方法，结果所学的知识总是记不住，每次考试成绩也都不理想。有的男孩不擅长文科，因为文科需要多背诵多练习，而男孩缺少背诵的耐心。其实，只要方法正确，学好文科对于男孩来说不是难事。

首先要把基础知识打牢，然后再举一反三，灵活运用。其实，学好文科，除了基本的记忆和练习外，还需要思考和归纳总结，而且各个科目的侧重点不同，学习方法也有一定的区别。

学习历史时，应该把历史知识与现实联系起来，并经过思考，把藏在文字后面的内涵挖掘出来，看到历史现象的本质。此外，学习历史，可以用比较的方法，例如每个朝代的历史有什么区别，特点有哪些，重点有哪些等，对比分析和学习，能够把知识点掌握得更牢固。

地理也需要背诵，但更需要分析和识图。熟练掌握地图知识，分析地理现象，对学习地理非常重要。政治除了背诵外，也要重视分析和判断，而且要将书本上的知识与社会话题、实际情况进行结合分析。

想学好英语，就要多背诵、多练习，锻炼自己的听力和阅读能力。当然，学英语不用每天花大量时间，而是利用闲散时间来学习，比如课间背诵单词和课文，或者做一篇阅读理解，看一看每天课上的笔记等，这种学习方式，可以有效地提升学习英语的效率。

☆☆☆

齐磊是班里的“数学通”，每次考试中数学成绩总是最棒的，各种数学题都难不倒他。张凡很羡慕他，就问：“齐磊，你的数学怎么这么棒啊，可以告诉我学习方法吗？”

“其实我的方法很简单，课前，我总是把要学的知识预习一遍，做到心里有数；上课时，我会认真听讲，如果老师讲到我预习时遇到的难题，我会更加专注地听，争取一次就学会；课下，好好写作业，查漏补缺。”齐磊说道。

“哦，其实我也是这么做的，可是有些知识和习题的解法总是掌握不好，下次再遇到的时候就忘记了。”张凡无奈地说。他看到齐磊的书桌上放着一个本子，上面写着“错题”二字，便问：“这是什么本子啊？”

“这是我的错题本，专门用来整理错题的。”齐磊说着，把本子打开，一页一页地翻给张凡看。“你看，这是我记录的错题，每道题错在哪里、出错的原因、怎么改正等，我都写在旁边了，平时经常翻一翻，就能避免犯同样的错误，而且能帮助我巩固知识。”

“太棒了，怪不得你的成绩总是这么好，原来你有一套很棒的学习方法！”张凡赞赏地说。

☆☆☆

故事中的齐磊之所以成为班里的“数学通”，是因为他有一套非常棒的学习方法。这套学习方法不但能够帮助他掌握新学的知识，还可以查漏补缺，巩固学过的知识。理科是男孩的强项，但由于方法不对，有的男孩也学不好理科。

众所周知，理科重在理解、思考、练习和归纳，但每科还有细微的差别。比如数学，男孩在学习的过程中，要将向老师、同学求教与自学进行紧密结合，这样既能锻炼自己的思考能力，也不至于太辛苦，可以迅速提升学习能力。此外，还要将书本知识与思考紧密结合，对学习的内容进行深究、质疑，厘清每个概念、定理的来龙去脉等，这样能加深自己对知识点的记忆和理解。学习数学，总结和归纳非常重要。平时要把学习的知识、做过的题目进行总结和分析，这样可以大幅提升自己的学习效果。

学习物理，首先要掌握知识点，然后认真思考，把每道习题之中的道理、科学规律等找出来。只有认清基本概念和规律，才能学好物理。化学的规律性很强，需要记忆的知识点也很多，而且需要男孩拿出极大的耐心和细心。想学好生物，首先要熟练掌握书本上的内容，然后对各种生物现象等进行总结归纳，掌握其中的规律，并正确运用。总之，每个科目都有自己的特色，需要男孩区别对待、区别学习。

让竞争意识激发你的学习潜能

只要有生物存在的地方，就会有竞争，所以，竞争是无处不在、无时不有的。在竞争的环境中，我们都会遇到自己的对手，而让自己变得更强大的方法，就是努力提升自己，不断完善自我。达尔文在《物种起源》中提出，世间万物的生存法则是：物竞天择，适者生存。这说明，增强竞争意识，能够让我们提升自身的能力，不断战胜竞争对手，从而取得成功。

在学习上，男孩想提升自己的学习能力和考试成绩，也要增强竞争意识，让竞争激发自己的学习潜能，从而不断超越对手，不断进步。

☆☆☆

小强的成绩在班里已经是数一数二的，可是他依然不满足，为了让自己不断进步，他决定向全校第一名发起进攻。为此，他把全校第一名王凯的名字写在自己书桌的右上角。每天，这个名字都提醒着他，一定要努力学习，超过王凯。

一天，班主任经过他的书桌旁，看到“王凯”二字，便问他：“小强，你这是在用竞争对手激励自己吗？”

“对啊，他这么优秀，我一定要超过他！”小强信誓旦旦地说。

“嗯，不错，你这个方法很好。”班主任笑道。

课上，班主任把这件事告诉了其他同学，并鼓励大家都给自己找一个竞争对手，用来激励自己不断进步。于是，班里的同学都开始寻找自己的竞争对手。在之后的半个学期中，同学们都努力地学习，争取超越自己的对手。

期中考试结束后，大家惊讶地发现，很多同学的成绩都有大幅提升。特别是小强，虽然没有超越全校第一名，但也成为仅次于王凯的全校第二名，他对自己的成绩还是很满意的。

班会上，老师为大家的成绩感到高兴，并鼓励大家：“超过竞争对手的同学，希望你们再接再厉，为自己挑选更强大的竞争对手；没有超过竞争对手的同学，你们也取得了很大的进步，只要保持这种学习热情，就一定会成功的！”听了老师的话，大家都很兴奋。原来，有个竞争对手是一件很好的事情。

☆☆☆

故事中的小强已经是一位成绩优异的学生，但他并不满意，为了激发自己的斗志和潜能，他决定把全校第一名作为自己的竞争对手，并朝着这个方向不断努力。在他的带领下，班里很多同学都开始用竞争对手来激发自己的学习热情。后来，经过半个学期的努力，很多同学的成绩都得到大幅提升。

竞争会加大我们的压力，给我们的生活带来一些烦恼。但是，有了竞争意识后，我们也会更有斗志和激情，从而取得更大的进步。所以在学习的过程中，男孩应该提升自己的竞争意识，不断激发自己的学习潜能，这样会有意想不到的效果。

竞争可以让我们看到自己的不足，从而不断去强化自我、完善自我。竞争也会给我们带来一定的压力，激发我们的潜能。非洲奥兰治河东、西两岸都生活着羚羊，但这些羚羊的生命力和奔跑速度有很大差别。东岸有一个狼群，它们每天都会出来捕食，使东岸的羚羊们也就保持了较高的警惕性和竞争意识，所以与生活安逸的西岸羚羊相比，东岸羚羊要强大得多，而且奔跑速度也更快。

☆☆☆

西班牙人很喜欢吃沙丁鱼，可是沙丁鱼的生命力比较弱，一离开海洋没多久就都死了，而死了的沙丁鱼口感并不好，这会影响卖价。为了多卖点钱，渔民们想了很多办法来提升沙丁鱼的生命力。

一天，一位渔民突发奇想，把一条鲶鱼放入装有沙丁鱼的鱼槽中。鲶鱼可是沙丁鱼的天敌，它一进入鱼槽就开始到处游，寻找食物。沙丁鱼们为了活命，只好拼命地逃跑，不停地在鱼槽里游来游去。如此一来，沙丁鱼的生命力就变强了，等渔船靠岸时，它们依然活蹦乱跳的。来往的商人看到这么鲜活的沙丁鱼，都非常喜欢，即便多花点钱，也要把它们买回去。

后来，渔民们都采用这种方法，成功地提升了沙丁鱼离开海洋后的生命力。

☆☆☆

这则故事讲的就是人尽皆知的“鲶鱼效应”。沙丁鱼在没有天敌的环境中，生命力会大大减弱，甚至因此死亡。渔民把鲶鱼放入它们的鱼槽中，就提升了它们的竞争意识，从而增强了它们的生命力。这个故事也是在告诉我们：“适当的竞争犹如催化剂，可以激发人们体内的潜力。”

压力也是我们不断进步的动力，所以在学习的过程中，有个竞争对手也是好事。我们在与对手进行一次次竞争的过程中，无论是学习能力还是心理素质，都会得到很大提升。所以在日常学习中，男孩要给自己找个竞争对手，增强自己的竞争意识，时刻提醒自己要坚持不懈地努力，力争上游，尽自己的全力提升学习能力和成绩。

无论是小学生还是中学生，学习过程中都存在很大的竞争压力，我们应该正视竞争，并用竞争意识来激发自己的潜能，让自己更会学习、学得更好。当然，在提升竞争意识的同时，男孩也要注意，不要给自己施加太大的压力，否则会适得其反。因为过大的竞争压力，会让自己非常疲惫，而且收效甚微。

跟着兴趣走，不断发挥自己的学习优势

爱因斯坦曾经说过：“兴趣是最好的老师。”如果我们对一件事产生兴趣，就会主动了解甚至深究。学习也是如此，如果男孩对某几个科目产生兴趣，就会不断学习和探索，而且能从其中体会到学习的快乐。

兴趣在学习的过程中扮演着重要角色，既可以帮助男孩产生学习的动力，也能够推动和引导男孩进行某种活动。相反，如果男孩对学习缺乏兴趣，就容易产生消极学习或者厌学的态度，导致成绩不理想，这就是古人常说的“知之者不如好之者，好之者不如乐之者。”

☆☆☆

小豪从小就喜欢自然科学类的知识，上了初中后，他对物理产生了浓厚的兴趣。每次上物理课，他都非常认真，也为老师所讲的物理知识而着迷。

一次物理课上，老师正在讲磁力。小豪边听边思考，他发现自己有很多不解的地方，便将这些问题都记在笔记本上，等下课向老师求解。下课铃声响后，他赶紧拿着本子找老师，老师看了看他的

问题，笑道："小豪，你的这些问题太深奥了，你现在还不需要了解这些知识，等高中再学也不迟。"

"老师，您就给我讲讲吧，否则我今天会睡不着觉的！"小豪着急地说。

老师见状，只好说："那好吧，你今天自习课时到办公室来找我，我好好给你讲一讲。"

在学习兴趣的引导下，小豪的物理成绩非常棒，学习思维和悟性也很高。后来，老师推荐他加入学校的物理学习小组，在那里，他可以和很多热爱物理的同学一起探讨物理知识。

他从未放弃对物理的喜爱，也一直发挥着自己的优势，成为全校有名的"物理小天才"。当然，他也没有忽视对其他科目的学习，比如化学、生物、数学、地理等，他觉得这些科目与物理都有相通的地方，学起来很有意思。

☆☆☆

故事中的小豪对物理充满兴趣，并在兴趣的作用下，努力学习物理，最终成为学校里的"物理小天才"。他还把对物理的兴趣转移到其他相关科目上，促进了学习成绩的提高。可见，跟着兴趣走，不断发挥自己的学习优势，对男孩的学习非常重要。很多男孩不喜欢学习，是因为缺乏兴趣，如果能够想办法调动自己的学习兴趣，提升学习主动性和自觉性，就可以很快提升学习成绩。

无论是小学生还是中学生，如果对某一科目产生兴趣，就会非常努力地钻研，并认真思考，积极改善学习方法，提升学习能力和成绩。其实，兴趣与我们的记忆力、思维力、观察力等是密切相连的，产生兴趣后，我们的学习状态、记忆力等都会处于更好的状态，从而提升学习效率。

☆☆☆

“张小林，你一天到晚就知道打游戏，我给你报了那么多学习班，你就不能好好学一学！”看着正在打游戏的儿子，妈妈非常生气。

“看看您给我报的都是什么学习班？物理、化学、数学，没一样是我喜欢的，您让我怎么学？”一说起这件事，张小林就头疼不已。他对物理、化学一点兴趣都没有，可是妈妈非以“学好数理化，走遍全天下”为由，硬是给他报了这些学习班。

他很喜欢英语，可是妈妈说，男孩就应该好好学习理科，这样才会越来越聪明。起初，他听了妈妈的话，用了大量时间来学习物理、化学，可是由于缺乏兴趣，他的成绩还是难以提高，而且导致他学习英语的时间越来越少，时间久了，连英语成绩都下降了。现在，张小林非常懊恼，也很抗拒去上学习班，经常用打游戏来减轻自己的压力。

☆☆☆

故事中的张小林对物理等理科科目不感兴趣，妈妈在没有帮助他提升兴趣的情况下，就为他报了很多学习班，这让他对这些科目更为反感。此外，他把很多时间用来学习理科，荒废了自己非常喜欢的英语，最后，英语成绩也下降了。他因此非常懊恼，也产生了很大的压力。可见，学习应该跟着自己的兴趣走，不断发挥自己的优势。当然，对于没有兴趣的科目，也应该努力培养自己的兴趣，找到适合自己的学习方法。

著名的实验物理学家丁肇中曾说："任何科学研究，最重要的是要看对自己所从事的工作有没有兴趣，换句话说，也就是有没有事业心，这不能有任何强迫"，"比如搞物理实验，因为我有兴趣，所以我可以两天两夜甚至三天三夜在实验室里，守在仪器旁，我迫切地希望发现我所要探索的东西。"在兴趣的推动下，丁肇中在自己热爱的领域不断努力，最终从事科研工作，并获得了很多成果。所以，兴趣能够帮助我们集中精力学习知识，并推动自己在某项活动中取得更多的成果。

兴趣可以开发男孩的智力，让男孩学到更多知识，而且对生活充满热情。科学研究已经证明，当一个人对学习产生兴趣时，他的大脑就处于开放状态，很容易接受所学的知识，而且受到的干扰也会比较小。所以，当男孩对某个科目比较有兴趣时，他在这个领域就会表现得更聪明、更出色。

奖励自己可以更好地激发学习动力

在马戏团或者海洋馆中，我们经常看到各种动物的出色表演。它们能够练得一身好本领，与训练师的奖励密切相关。例如，海豚在训练师的指导下穿过圆环时，就能得到一条小鱼；鹦鹉学会一句话时，训练师就会给它一颗豆子；小狗成功翻一个跟头后，就能得到一片肉等。可见，奖励能够激发动物的学习动力。其实人也是一样的，如果能够在收获成功后得到一定的奖励，我们做起事来就会更有动力。所以，男孩在学习的过程中，可以适当奖励一下自己，激发自己的学习动力，不断努力，刻苦学习。

☆☆☆

一位语言学家到北京大学讲学，讲座结束后，一位同学问他：“这么多年来，您一直坚守在汉语言研究领域，还发表了很多作品，请问您的工作热情是从哪里来的？”

语言学家听后，笑道：“其实没什么，我只是喜欢奖励自己。”

“奖励自己？”同学们听后都觉得诧异，这么一位闻名遐迩的语言学家，竟然用这种方式来鼓励自己。

“对啊，我很早以前就开始用这种方式了，每次取得一点小成绩，我就会奖励一下自己，结果，我取得的成绩越来越大，自己的满足感也越来越强烈。”语言学家笑着说。

他说，20世纪80年代初，他的一篇文章发表在知名学术杂志上，编辑部给他寄来了20元稿费。他兴奋极了，马上跑到大学食堂买了一条红烧鱼和一瓶啤酒，他至今都还记得当时自己有多么激动和满足。后来，只要文章被发表了，或者在学术研究中有了新的发现，他都会给自己一点奖励，也许是一顿美餐，也许是一支钢笔，也许是一块手表等。

为了改善自己的生活，他在研究中更加努力，争取赚更多稿费。20多年来，他一共发表了近300篇文章，20多本著作，成为一位著名的语言学家。

☆☆☆

故事中的语言学家以奖励自己的方式，不断激发自己的研究动力，最终，在20多年的时间里，他成功发表了多篇文章，也出版了很多著作。可见，奖赏自己对激发学习动力很有帮助。奖励对于学生，特别是小学生的学习起到很重要的作用，因为小学生的学习动机还不强，缺乏学习热情和兴趣，如果能够得到一点奖励，学习起来就会更有动力，从而提升学习成绩。在学习的过程中，男孩可以适当给自己一点奖励，激发自己的学习动力。

奖励可以起到正强化的作用。比如我们在获得某种成果，或者做出某些反应后，能够得到奖励、赞扬，那么我们就会十分期待这种情况的再次出现，从而不断完善自己，取得进步。不过，奖励自己也要讲究方式方法，例如要尽量采取间断性的奖励。

有时为了激励自己持续进步，我们会给自己一些连续性的奖励。这种奖励方式虽然能够帮助我们不断进步，但很容易将奖励和学习联系起来，一旦奖励停止了，我们就会对学习失去动力。男孩应该明白，学习是为了充实自己、提升自己，而不是为了得到奖励，奖励只是促进学习的一种方式，而非最终的目的。所以，在奖励自己时，男孩要使用间断性的方式，让奖励给我们带来惊喜和满足感。

☆☆☆

听说奖励自己能够激发自己的学习兴趣和动力，江海高兴极了，他觉得这种方法非常适合自己，于是给自己列了一张奖励清单。背下10个单词，奖励自己一块泡泡糖；背下一篇课文，奖励自己一块巧克力；连续一个星期完成作业，奖励自己一个汉堡；考试成绩进步十名，就让爸爸妈妈带他去旅游等。

每天想着这些奖励他都非常激动，学习起来也更有动力。起初，这种奖励方式的确让他取得不小的进步，但随着时间的推移，他逐渐不按照计划行事了，经常预支自己的奖励。

“反正这些单词我肯定能背下来，先吃一块泡泡糖吧！”可是，泡泡糖虽然吃完了，他却对背单词没了兴趣，反而看起电视来。直到很晚他才发现，今天的单词还没有背诵呢，他看了看钟表，安慰自己说：“算了，明天早上再背吧，反正也就十个单词。”

从此以后，他经常预支自己的奖励，而且也不再兑现自己的目标了。对他而言，奖励的作用越来越小，他的成绩也一直没有得到提升。

☆☆☆

故事中的江海刚开始从奖励自己的方式中得到了满足感，学习也有所进步，但是他并没有坚持正确使用奖励，经常预支给自己的奖品，最终奖品得到了，学习目标却没有实现。所以，在奖励自己时，男孩也要掌握基本的方法。

首先，奖品应该是自己喜欢的、有欲望得到的。如果我们给自己准备了一件无关紧要的奖品，就很难激发我们的学习动力。其次，奖励既不能延期兑现，也不能提前消费。延期兑现会让自己产生失望情绪，预支奖励则会使自己的学习目标越来越低。最后，学习目标不能定得太高，否则会加大学习压力，而且实现的可能性也较小，如果因为没有实现目标而失去奖励，也会让我们变得非常沮丧，对激发学习动力很不利。

用实验和实践来强化学习效果

有的男孩认为，学习是件苦差事，明明昨天还掌握的知识，第二天就忘记了大部分。其实，如果大家把所学的知识与生活紧密结合，用实验或者实践来进行验证，就能很好地强化学习效果。所以，在学习的过程中，男孩应该在掌握知识的基础上，把书本上的知识运用到生活之中，真正做到学以致用。

☆☆☆

上了中学后，同学们又多了一门课程——化学。每次上化学课时，林浩都很苦恼，因为他根本记不住各种化学物质的名称，也学不懂很多化学原理。

一天，他找到老师，沮丧地说："老师，我怎么学不好化学呢？昨天刚把知识点背诵一遍，今天一起床就忘得一干二净了。"

"化学是一门重视实验的学科，仅用背诵和思考的方式是很难学好的。如果配合实验来学习，就能起到强化学习效果的作用。"老师解释道。

"这样啊，那我以后要好好上实验课。"林浩终于找出学不好化学的原因了。以前上实验课时，他总是觉得麻烦，不愿意主动操作，而是课下花大量时间来背诵各种实验现象。现在，他终于知道实验的作用了。

一次实验课上，他努力学习氧气的制取，主动接触试管、酒精灯、导管、集气瓶等实验器材，认真操作。他检查了一遍实验装置的气密性，确定无误后，把化学剂品放入试管中，并把棉花放在试管口附近，然后塞紧塞子，把试管按照规定放在铁架台上。这些工作准备好后，他把酒精灯点燃给试管加热，然后使用排水法，收集了一瓶氧气。他根据老师的指点，对实验器材进行拆除、整理，并把一根带火星的木条伸入集气瓶，观察化学现象，记录实验结论。最后，他把各种器材整理好，保持实验台的清洁和整齐。

这节实验课结束后，他收获颇丰，不但锻炼了操作能力，还更加清晰地掌握了氧气的相关知识。

☆☆☆

故事中的林浩学习化学时很苦恼，因为他不能牢固地掌握化学知识。在老师的指点下，他终于明白，原来实验可以强化学习效果。从此之后，他非常重视实验课，主动参与实验过程，果然加深了对知识的了解。与文科科目相比，理科课程的确更需要用实验来强化学习效果。比如化学，男孩如果想学好化学，就要认真做实验，这是学好化学的一个突破口。在操作实验、探究实验的过程中，男孩的探究能力、科学态度以及求知欲都能得到大幅提升。

男孩应该明白，学习是为了运用，为了更好地生活，所以要将书本上的理论知识与实际生活进行紧密联系，努力做到学以致用。

☆☆☆

小虎的数学成绩一直不好，而且他一直觉得数学很没用，经常向朋友抱怨："会数钱、买东西不就行了吗？学那么多复杂的应用题、几何题有什么用？"

听了他的抱怨，阿杰笑道："照你这么说，咱们学的所有知识都没什么用了！"

"对啊，本来就没用！只要会写字、会算术就可以了。比如物理，我又不去太空，研究宇宙干吗？而且我又不当化学家，学化学根本没用；只要不出国，就没必要学英语……"小虎振振有词地说。

"可是你需要住房子，需要吃饭，需要穿衣，需要坐车，需要看电视、打游戏等，而且这些事情都离不开我们所学的知识。"阿杰解释道。

"这些事情和我们学的东西有什么关系？"小虎纳闷地问。

"以化学为例。我们使用的香皂、洗发露、洗洁精等，都利用了化学原理。"阿杰说道。

"真的？这个我的确没有想过。"

"你啊，就是把书本知识与现实生活完全孤立了，所以才对学习没兴趣。其实，我们学习是为了更好地生活，应该把所学的知识和生活结合起来，学以致用，这样才能学得更好。"阿杰说道。

小虎边听边点头，他觉得阿杰说得很有道理。

☆☆☆

故事中的小虎认为，学习没有用，因为这些知识与生活有很大差距。不过阿杰告诉他，我们学的所有知识，都可以运用到生活中，如果能够把知识与生活结合起来，对学习和生活都有很大的帮助。

以数学为例，我们将书本上的抽象内容掌握后，就要学会用这些知识来分析并且处理生活中遇到的各种问题。当我们把这些知识放在实际应用中之后，就能更好地理解和掌握理论知识，并对其进行深入探究。学习数学的过程，其实就是构建数学思维的过程，所以除了上课听讲、下课完成作业外，男孩还要加强实践能力和动手能力，把数学知识与生活进行紧密结合，从而强化学习效果。

其实每个科目的知识都能与生活相结合。语文的运用在生活中就非常普遍，例如看书、读报，写文章和发邮件，与他人沟通等，当我们把语文知识运用到这些地方时，也会加强我们对语文知识的掌握。

第八章

是考验也是进步的契机

——男孩要掌握的应考技巧

考试之于学生，犹如战场之于士兵。俗话说，考场如战场，对于学生而言一点也不夸张。既然是上“战场”，一定要准备好自己的“武器”，这便是要在开始前做好充足的准备。

考试前要做好准备工作

俗话说，不打无准备之仗，考试也是如此。在考试之前没有做好充足的准备，就像没有准备好武器就上战场的战士，战斗的结果只能是失败。

作为男孩，必须要对自己负责，提前准备好考试用的各种东西，以免考试之前因为时间问题手忙脚乱，影响考试。

☆☆☆

“叮……”

闹钟响了很久，小天却依然睡在床上不起来。

“小天，快起来了，今天你们不是要考试吗？你还不赶紧起床！”妈妈催促小天道。

“好了，我知道了。”小天很不情愿地说，之后又磨磨蹭蹭地起床洗漱。不一会儿，小天就发现快要迟到了！

“哎呀，我的书包还没收拾呢！”小天忽然想起书包还没收拾好，考试必需品也没有准备好，于是他又急急忙忙地去找笔、稿纸等考试用品。

“我的准考证呢？”小天忽然又想起准考证不见了。“奇怪，昨天明明放在桌子上的，怎么会忽然找不到呢？”

“妈，我的准考证呢？快帮我找找。”小天着急地对在厨房里忙活的妈妈喊道。

“我早就跟你说过，自己的东西要早点收拾，你看你，都到现在了才慌里慌张地找这个找那个！”妈妈一边数落小天一边帮他找。

“找到了！”小天在书本里找到了准考证。他终于松了一口气。

“快吃饭吧，吃完饭就去参加考试。”妈妈说。

“不吃了，来不及了，现在我要赶紧去学校了。”小天匆匆收拾好东西就出去了。

但是由于没有吃早饭，天气又非常炎热，小天在考试中突然感到很不舒服，结果考试也受到了影响，小天感到很沮丧。

☆☆☆

故事中的小天在考试之前没有做好准备，又因为起床太晚丢三落四，到最后考试也受到了很不好的影响，考试成绩自然不会很好。由此可以看出，考试前的认真准备具有重要意义。

考试前认真准备能反映男孩对待学习的态度。认真学习的男孩自然能够认真对待考试前的准备工作，能够考虑周全，为自己的考试负起责任。同时，考前准备的态度也能反映一个男孩对待生活的态度。具有认真、积极的生活态度的男孩也会用认真、积极的态度对待考试，自然也会重视考前的准备。这样的男孩也会是一个具有责任感的男孩。

☆☆☆

晚上九点了，妈妈看到津津的房间还亮灯。

“津津，早点睡觉吧。”妈妈说。“没事，妈，明天就要考试了，我再看看书，还要准备一些考试用的东西。”津津说道。

明天就要考试了，津津对每门功课的课本和笔记都进行了系统的复习，对知识点进行了重新归纳和整理；同时又对考试用品进行了整理。

“准考证、笔、修正液，还有铅笔。再准备一根铅笔吧，以免到时候有问题没有备用的铅笔。”津津一边自言自语，一边准备着考试用的东西。睡觉前他还不忘再次检查一遍准备的东西。

睡觉前，津津又设置好闹钟，他要比平时提前二十分钟起床，这样才能有足够的时间来洗漱，并且提前到考场。津津总是习惯于提前几分钟到达考场，因为这样能熟悉考试环境，消除自己在考试中的紧张情绪。

津津一直保持着这些良好的学习习惯，在考试之前做着充足的准备工作。因此，津津在考试中胸有成竹，也取得了良好的学习成绩。

☆☆☆

故事中的津津在考试之前一直做着积极的准备，不仅考前做了充足的复习，同时对自己在考试中需要的各种东西都做了充足的准备。在第二天考试前他又提前到考场，有了时间熟悉考场，对于考试也是十分有利的。正是因为在考试前能够做足准备，所以津津一直保持着良好的成绩。

作为男孩，要对自己负责任，做到亲力亲为。首先，要在考前准备好考试用品，最好必需品都能准备两份，以免在考试中出现问题时没有备用品。考试前要对必需品再三检查，确保无误，尤其是出门前，要看清楚有没有因为粗心或者紧张导致丢三落四，尤其是在重要的考试中更要注意避免因为粗心而导致的失误。

其次，男孩要在考前进行系统、有效的复习。考试是对所学知识的检验，因此在考试前最重要的是对所学知识的复习，尤其是对于自己还没有完全掌握的知识更要进行重点复习。

最后，男孩要学会在考前调整好自己的状态，让自己由内而外都能以最积极的态度来应对考试。考试前不能熬夜，要保证充足的睡眠，因为考试是对体力和脑力的双重考验，因此一定要保证自己有足够的精力来应对考试。

认真对待检测学习成果的模拟考试

考试是学生时期最重要的组成部分之一，尤其是随着年龄和年级的增长，学习任务也会加重，考试就更是家常便饭了。除了每年正式的考试外，平时学校也会有无数大大小小的模拟考试。这些考试虽然看似重要程度不同，但其实都是对学习成果的检验，因此作为男孩，即便是模拟考试，也要给予足够的重视。

每一次考试都是对目前这一阶段学习情况的检验和测试，分数的高低不仅和名次挂钩，而且是对自己学习知识的掌握情况的反映。因此作为学生，不用太过于纠结名次，而是要重视考试所反映出来的信息。比如自己的优势和劣势、应试技巧等，考试之后认真分析，找到问题，对症下药。

☆☆☆

转眼间，小音已经是初三的学生了。学习强度骤然增大，学习压力自然也加大不少。

起初，学校举行每月一次的考试，小音还可以接受。但是，随着中考临近，考试变得更加频繁，几乎每周一大考，每天一小考。模拟考试多了，考试成绩自然也就多了起来。大多数老师都说：“平时的考试成绩决定中考的成绩，所以同学们要认真对待每一次考试，把平时的考试当中考，中考当平时的考试”

可是对于这一转变，小音深深地感到力不从心，每天面对的除了缺乏睡眠之外，还有做不完的题。

于是他就慢慢地松懈了下来，老师发的题他也是随便一做。每次考完试，由于时间太紧迫他也不去仔细研究他的试卷，而是随手扔到一边。他觉得考完了就是考完了，没必要把时间浪费在一些已经做完的卷子上面。

就这样，他的成绩在不知不觉中滑了下来。之后他才意识到，正确对待每次考试是多么的重要。

☆☆☆

故事中的男孩小音在面对密集的考试时渐渐力不从心，而这时他没有想办法改变现状，而是有些自暴自弃，逐渐地对考试也不是很上心，对考试的结果也并不是非常在意，更没有在考完试之后认真分析试卷、找到自己的错误，正因如此，很快他的学习成绩就下降了。

有的男孩和家长非常在意考试的结果。其实他们更在意的是考试分数带来的排名和荣誉感。但是，考试更重要的意义是帮助学生找到学习中存在的问题，因此考试之后的认真分析和反思格外重要。

☆☆☆

对于学生来说，每次考试都是对该阶段所学知识的检测。正因为如此，韩佳沫对于每次考试都不松懈。

他自从上了初三之后，就特别重视每次考试，不管是月考还是模拟考。

在考试之前，他总是会把之前不会的重点知识复习一遍又一遍，直到完全掌握。

模拟考试快到了，老师说："这个模拟考试决定你中考的成绩，你模拟考试能考多少，你的中考就差不多考多少，同学们要好好对待这次模拟考试。"

然而模拟考试考完之后，班上大多数同学都考得不如意，韩佳沫也是如此，于是有很多同学都感觉自己中考考不好了，对此都失去了信心。

但韩佳沫却不这么认为，他觉得一次考试完全检测不了自己的水平，一次考试失败了，不能代表自己以后就考不好，反而，他认为这次模拟考试只能说明他复习得还不全面，需要查缺补漏。

于是他在后来的时间里，更加努力地学习，把之前遗忘的考点重新复习了一遍。在中考中，他以自己的实力在同学们中脱颖而出，考上了自己理想中的学校。

☆☆☆

故事中的男孩韩佳沫对考试格外重视，每次考前都会认真复习。在考完之后他也并没有唯成绩论高低，而是仔细分析自己存在的问题，及时查漏补缺。他并没有用一次成绩来给自己下定论，而是认真备考，即使一次“重要的模拟考试”没有考好，但是他依然努力并取得了好成绩。

模拟考试再重要，也只是一次检验。所以男孩不用对模拟考试的成绩太过于重视，而应该重视考试卷面中反映出来的问题。首先，男孩要找到自己出错的地方，然后认真分析做错的题目属于哪一种类型，是概念性的错误或者是理解能力不够，抑或是对知识的运用能力不够等。

其次，男孩要在经过分析之后对照自己平时的学习习惯和特点，针对自己在考试中出现的问题，找到问题的根源，对症下药。

最后，建议男孩准备一个错题本，将自己在检测中所犯的错误集中起来。经过一段时间之后男孩就会发现，自己所犯的错误基本上都是同一个类型或者几个类型。这样一来，将问题集中起来就会更加容易解决。错题本是男孩学习的“好帮手”，平时也可以作为复习资料，因此男孩一定要好好重视错题本。

不同时间解答不同问题

考试答卷应该怎么做？有的男孩认为应该按照试卷的顺序一道题一道题地完成；有的男孩认为应该按照自己的习惯或者喜好完成，喜欢做哪道题就做哪道题；也有的男孩在考试中遇到不会做的题目就会一直纠结，最后耽误了时间，试卷也没有完成。

一张试卷中的题目也要分时间段来完成。分配考试的时间也需要技巧和练习。

☆☆☆

陈晨是一名小学五年级的男孩，他性格张扬跳脱，从不喜欢墨守成规。他的这种性格使他在创作上总能有一些新的想法与创意，可是却给他的学习带来了困难。

在平时做练习的时候他总是随性而为，想先做哪就做哪，跳跃着做题。老师反复强调做题的答题技巧，就是要先易后难，即先把会做的题做了，把难题留下来最后再仔细思考，可是他总是把老师的话当成耳边风。

因为平时的坏习惯已经养成，所以他在考试的时候也是乱做一气，做到难题时就拼命地想，做不出也不会跳过去，而是一头扎在里面，导致很多时候题都做不完。

老师已经不知道强调过多少遍他的这个问题了，他仍然无动于衷，不知改正，导致坏习惯愈演愈烈。

由于在考场上很多简单问题他都来不及写，光顾着研究难题，因此每次考试，他的成绩都会比自己的真实水平低。慢慢地他开始怀疑自己的能力，觉得自己实力不够，变得越来越没有自信，成绩更是越来越不理想。

如果他早点按照老师教的方法去答题，学会安排考试时间，先易后难，那么成绩绝对不会像现在一样。

☆☆☆

故事中的陈晨是个很有个性的男孩，在平时的练习中他从不循规蹈矩地做题，也不按照老师所说的先易后难的顺序来完成作业，因此随心所欲的他也经常被难题困住。他在考试中也是如此，答题时遇到难题不知道变通，而是在一道题目中纠结，最后浪费了时间，成绩也受到了很大的影响。渐渐地成绩不佳的他自信心也受到了很大的打击，长此以往他的成绩一定会受到影响。

☆☆☆

张星是一个聪明伶俐、惹人喜爱的男孩，目前正在读初中。从小学开始，张星就养成了一个好习惯，每次做题的时候，无论是考试还是平时测试，只要是成套的试卷，他都会按照老师教的答题技巧来答题，先易后难，每次都能取得一个不错的成绩。

通过不断地做题，他积累了很多做题经验。他把老师教的技巧琢磨得更加细致。比如在做数学题的时候，应该从头往后答，遇到比较难的题，暂时想不出来，不要停留，继续做，直到把所有会做的题都做出来，再去思考难题。在做语文题的时候，先做一些较为容易的辨别字形、字音的题，把思路打开，再做阅读和作文。做英语题同做语文题一样，先做简单的选择题，再做阅读和作文。

由于张星总是能把考场上的时间安排得合理有序，因此他每次的考试成绩都名列前茅。

也正是因为这样，他考上了一所不错的初中，他决定继续保持这种好的做题方式，让自己的学习越来越高效，越来越轻松。

☆☆☆

故事中的男孩张星在一次次的考试中找到了合适的方法，将题目分成不同的难度，根据难易程度按照先易后难的原则，将自己有把握完成的题目全部完成之后，再集中精力攻克难题。张星还懂得利用简单题目打开思路，然后再做其他难度较大的题目。

首先，男孩要学会在不同的时间解答不同的题目。因为试卷的题目顺序安排一般是先易后难，所以可以大致按照试卷的顺序来完成。越到试卷后面的大题，难度越会增加，因此可以先将试卷前面的小题都完成，再考虑难度大的题目。

其次，男孩在考试中遇到一时没有思路的问题时，一定不能耗费太多时间，要将精力放在有把握的题目上。

最后，男孩要学会在考试中根据自己的实际情况来调整答题顺序，综合自己的答题习惯、生理状况等各方面的因素进行考量。比如有的男孩考试刚开始时比较容易紧张，但是渐渐地随着做题时间的推移会渐入佳境，这样就适合将稍微难一些的题目放到最后完成。而有的男孩一开始思路清楚，渐渐地会觉得自己有些体力不支，因此可以考虑将需要大量用脑的题目提前完成。

考场答题要掌握策略

取得良好的学习成绩需要具备很多条件，如平时认真努力的学习，对知识点良好的掌握，考试时积极的状态以及在考场上有效的答题策略等。

良好的策略是取得好成绩的“神助攻”，可以帮助男孩在考试中做到事半功倍。首先，良好的答题策略可以为男孩节省考试时间，让男孩在考试中更加游刃有余。其次，良好的答题策略能够帮助男孩更好地扩展思路，在考试中能够更好地发挥，还能消除在考试中的紧张情绪。

☆☆☆

男孩杜铮今年13岁，是一名初中一年级的学生。

明天就要进行期中考试了。杜铮想着，“小学的语文试卷满分才100分，初中的语文试卷满分竟然150分，仅仅作文就要60分。试卷发下来我要先写作文，再做其他的题目。”

第二天语文考试开始了。杜铮拿到试卷后，直接翻到作文页面。

杜铮静静地瞅着作文题目10分钟了，还没有构思出要写的内容。又过了5分钟，杜铮急得手心直冒汗，但是他的写作思路还是一片混乱。

杜铮想回过头去做前面的题目，可又不甘心丢下作文。心急如焚的杜铮逼着自己开始动笔，而此时此刻考试时间已经过去了半小时。写到一半的时候，杜铮又无从下笔了。看看旁边的同学，人家已经把前面的题目做完开始写作文了。

杜铮彻底慌了，尽管写出来的句子词不达意，但他已经不在乎了。当他磕磕绊绊地写完作文时，离考试结束仅剩40分钟了。

杜铮赶紧把试卷翻到第一页，但是看着第一道题目他大脑一片空白。他急得浑身冒热汗，硬着头皮把剩下的题目做完了。

成绩出来后，班里唯有杜铮的语文成绩没有及格。

☆☆☆

故事中的男孩杜铮在考试中并没有找到合适的答题策略，在考试中答题毫无章法，结果连试卷都没有做完，最后的考试成绩自然很不好，他成为全班唯一没有及格的人。答题策略也是考试成功的关键，如果像男孩杜铮一样，最后只能导致考试变得一团糟。

答题策略包括对考试答题顺序的安排，做不同类型题目的方式等。如何安排答题策略，这也是一项重要的能力。要想找到适合自己的答题策略，男孩就必须对自己的情况有客观而且全面的了解。

☆☆☆

男孩渠将平时上课最爱捣乱，老师的批评对他来说乃是家常便饭。但是一到考试，同学们都很佩服他。“你看人家渠将平时不好好学习，考试比谁都考得好。”

渠将以前考试的时候，恨不得把整张试卷的题目都做完。即使遇到“拦路虎”式的题目他也坚决不避开，直到解答出来才会去做下一道题目。

渠将为此付出了很大的代价。每一次成绩出来后想起那些原本可以做出来的题目，却因时间不够而放弃，让他很痛心。

自从得到了这个惨痛的教训后，每次考试之前渠将都会再三地提醒自己把不会的题目留到最后。有时候他难免会习惯性地纠缠在一道难题上面，忘记去做下一道题目。

从刚开始强迫自己去那样做，到后来成为一种良好的习惯，渠将经历了一个漫长的过程。现在无论面对任何一个科目的考试，他都会有自己的答题节奏。

比如做数学试卷的时候，渠将会快速地浏览全部题目，然后根据题目的难易程度，把较容易解答的题目很快地完成，为后面难度较大的题目节约时间，让自己有足够的时间去解答。

渠将认为平日的学习过程很重要，但是考试的技巧更重要。

☆☆☆

故事中的男孩渠将在开始时也不懂得答题技巧，考试时也经常出现问题，但是他及时发现问题，针对自己的缺点改正错误，在考试中不再因为一道题目而浪费过多时间，根据难易程度而选择答题顺序。渐渐地他的考试成绩也开始有所提高。

作为男孩，一定要找到适合自己的答题策略。首先，男孩要找到自己在考试以及平时学习中存在的问题。比如有的男孩天生比较急躁，总是非常粗心，因此常常在考试中犯一些简单的错误。男孩可以在考试中寻找自己头脑最清醒的时间段对自己做的简单题目进行检查；男孩可以将自己的计算稿纸保留好，以方便验算。

其次，男孩要学会不在一道题目上耽误太久的时间。因此，男孩在考试中要学会“选择”，不能因小失大。

最后，男孩要学会答题“有快有慢”。审题时一定要慢、要仔细，要充分了解题意，并进行充分的分析，不能急于求成。很多男孩考试出错就是因为审题不够仔细，在理解题意上出了错，结果自然不会是正确的。在充分了解题意后，男孩要快速调动自己的知识，迅速找到解题方法。当然在这个过程中还要仔细、认真，不能因为粗心而犯错。

男孩考试应有技巧，让心情不再紧张

考试这个词，对我们来说都不陌生，不管是在我们上学期间，还是在以后的生活工作中，它会以不同的形式出现在我们的生活和成长中。

面对考试，每个人的反应都是不同的，有些人会感到紧张、害怕，有些人则比较淡定、乐观。有时候，考试成绩的好坏并不只是取决于平时的努力程度，还有考前的调整、考场上的冷静和良好的心态。有时候，即使平时很优秀的人，但由于心态的问题，也会导致成绩总是不够理想。

☆☆☆

“爸妈，我下周一就要考期末试了”，周五刚回到家，李皓就迫不及待地将这一消息告诉了爸妈。

李爸爸笑着说:“我相信你能够考好，明天我带你去旱冰场玩吧，在考试前放松一下。”

李妈妈接着说:“考试时，不要给自己太大压力哦，这次考不好了下次再努力，不要把学习当成一种负担啊。”

听到爸妈这样说，李皓会心一笑，高兴得像只小鸟一样。因为在其他同学眼中，考试是一件特别可怕的事情，考前会被逼着各种复习，考后又会因成绩不理想而遭到爸妈的谴责，而他却一直不一样，爸妈从小就对他采取开放式教育，一般是他喜欢什么爸妈就会带他去干什么。对于学习上的事情，爸妈每次在李皓遇到困难时就极力开解帮助，用不同的方式使他正确地对待学习中的得与失。

还记得李皓在初中的时候，去参加市里的物理竞赛，老师都寄予他很大的期许，他的心理压力也特别大，觉得自己身负重任，考前的一段时间，他一直埋头学习，导致身体和精神状态都不是很好。爸爸意识到了他的状态，在没有通知他的情况下，买了3张去北京的车票，他当时去的时候很不乐意，因为觉得还没有复习好，可能无法在比赛中取得好成绩。然而他的心理在旅游中慢慢发生了变化，由看天安门时的郁闷、游故宫时的放松、转四合院的怡然自得到爬香山时的开怀大笑。当他登上山顶时，他的心境也变得那么明朗，他理解了父母的良苦用心，重要的是，他暂时卸下了比赛的重任，沉浸在美景之中。

几天后，比赛终于来临了，考题并没有李皓想象中的那么难，他很乐观地对待这次考试，并抱着必胜的信念，他先将那些简单的题做了，当遇到难度大的题时，他先跳过，这道做了5分钟还做不出来时，就放弃去做下一道题。比赛过后的一个月，成绩公布了，而李皓取得了市区第一名的好成绩。

☆☆☆

考前放松对每个考生来说都是极其重要的，李皓成功地做到了这一点。然而，并不是每个人都能够在考前调整好心态，以愉悦轻松的姿态投到考试之中。

有的同学平时表现很不错，但就是在考试这样的关键时刻“掉链子”。

☆☆☆

秦安的父母平时都很忙，没有时间指导秦安学习，但是对秦安的成绩要求极严格。每次他考得不理想时，父母就会对他进行小小的惩戒，有时让他面壁思过，有时扣除他的零花钱，严重时还会动手打他一下。

在他上五年级的时候，有一次因为粗心大意，做错了几道数学应用题，导致失去了好多分，成绩出来后只有五十多分，和他平时的八十多分相差很远。爸妈在看到他的成绩单时都很气愤，觉得是秦安没有认真学习，每天都把时间用在了玩耍上，爸爸顺手拿起一个晾衣杆就打了他几下，虽然不是很重，但从此后，秦安心中就有了阴影，他一直觉得考不好就要挨打。

面对这样的情景，他变得小心翼翼，一直都在努力地学习，对学习也更加重视，想让父母满意，想得到他们的拥抱与赞扬。

每次考试前，他都会复习到很晚，将书上的内容看好几遍，有时候都会趴在桌子上睡着；越临近考试，他就越紧张，总是怀疑自己没有复习好；在考场上，他变得很谨慎，也比较执着，一道题会重复检查好几遍，遇到一些难的题，他会停留好久，绞尽脑汁想做出来，导致最后快交卷时还有好多题没做完，又由于紧张，一些简单的题目也一时想不起来该如何去做了。

“第一名李晨曦92分，第二名陈小月90分，第三名，……，第二十名秦安63分，……”，在老师铿锵有力的声音中，期中考试的成绩赫然呈现在眼前。此时，秦安的心里十分难过。

☆☆☆

其实，生活处处是考场，男孩没有必要给自己那么大的压力，让自己一直沉浸在痛苦中，应该把学习这件事看成一种乐趣。在考试时积极调整自己的心态，想办法消除自己的紧张情绪。

首先，男孩应该学会将成绩“看淡”一些，不要一切以分数为重。很多男孩考试太过紧张是因为太过在意成绩，担心考不好会受到责备。如果成绩不是最重要的，那么紧张的情绪自然会消除一部分。

其次，男孩要学会给自己“减压”。听听音乐、打打球，做一些运动，或者和朋友出去聚聚、在外面散散步、看看动画片等方式都是消除紧张情绪的好办法。男孩可以根据自己的兴趣爱好选择减压的方式，帮助自己克服考前紧张的情绪。在考试中，男孩可以利用深呼吸等方式来进行减压。考试时可以将周围的环境想象成自己的书房或者教室，通过心理暗示的方法来改变紧张的状态。

最后，男孩要明白，考试只是一种检验学习情况的手段，不要让考试左右自己的心情。

第九章

好学生都爱读书

——良好的阅读习惯让男孩受益终生

阅读是一个可以成就一个人一生的好习惯。一个人的气质里藏着他读过的书和走过的路。青春期的男孩或许走过的路还不够多，但是读过的书一定会经过时间的累积变成自己独有的气质，给自己的人生带来意想不到的精彩和美好。读书也要掌握正确的方法，才能做到“又好又快”，如何提高自己的阅读水平、拓宽知识面，本章即将揭晓。

让阅读成为男孩的爱好和习惯

苏联作家高尔基曾说："书籍是人类进步的阶梯。"多读书不一定可以改变我们的命运，却能让我们变得更聪明、更智慧、更通达。阅读可以为我们打开了解过去、现在以及未来的大门，让我们更加了解自己生活的环境，从而热爱生活和生命；阅读也可以提升我们的涵养和素质，让我们的谈吐更高雅，思想更深刻。所以，男孩要在日常学习生活中培养自己的阅读兴趣，让阅读成为一种习惯，伴随自己的一生。

☆☆☆

黄方瑞是一个活泼的男孩，也是一名小学生。老师要求同学们课余时间多读书、读好书。

为了响应老师的号召，黄方瑞让父母帮他买了很多适合他阅读的课外读物。但是，阅读的第一天他就遇到了难题：书上的很多字他还不认识。这样阅读起来，让黄方瑞感觉很不好，使他变得十分抵触阅读。

"同学们最近都看了什么课外读物？"有一天，老师突然问起同学们的课外阅读情况。

黄方瑞心中一惊，最近他课下只顾着玩了，根本没有读任何书。他连忙把头垂得低低的，就怕老师会问到他。

还好老师只是问了几个同学就下课了。

黄方瑞逃过了一劫却怎么也高兴不起来，下一次老师再提问的时候他该怎么回答呢？可他实在是不喜欢读那些生字奇多的课外读物啊！

☆☆☆

故事中的黄方瑞是一名小学生，认识的汉字还不多，而不认识字是阅读的一大障碍，所以他对阅读产生了抵触心理。下课时，很多同学都在读书，他却只顾玩耍，浪费了很多读书的时间。

虽然读书的好处很多，例如促进良好性格的形成，抚平内心的浮躁，提高写作能力，提升学习积极性等，但如果连汉字都不认识，那么这一系列好处也就无从吸收了。所以，培养自己的阅读爱好，并让其成为自己的一种习惯，还要从识字开始。

识字是阅读活动的第一个环节，男孩从小就要在生活和学习中不断识字，逐渐摆脱看图识字书。这虽然不是一朝一夕的事情，但只要勤奋努力，不断积累，就能认识更多汉字，从而提升阅读能力，对阅读产生兴趣。在识字的过程中，男孩也不必对阅读产生抵触心理，可以尝试将字典放在手边，当遇到不认识的汉字时，借助字典来查找，这样就可以帮助自己认识更多的汉字。

☆☆☆

老师让同学们培养阅读的好习惯，然而王景并不喜欢阅读。

“你为什么不喜欢阅读啊？”老师问道。

“因为妈妈给我买的课外读物都不是我喜欢的内容，而且，书里有很多我不认识的字，读起来磕磕巴巴的，根本不知道书里在讲什么。”王景一说起来就一肚子苦水。

王景是小学四年级的学生，但是妈妈给他准备的课外读物都是各国名著，晦涩又难懂，他实在看不下去。

老师听了王景的话后，又询问了几名学生的阅读情况，结果很多学生都说课外读物中的生字太多，他们读起来很艰难。

“那你们喜欢听故事吗？”老师又问道。

同学们纷纷点头说道：“喜欢啊，我们当然喜欢听有趣的故事。”

“那好，从明天开始，老师专门抽出半节课，给你们讲故事。”老师说道，“等你们听完故事后，再来复述故事，先提高你们对阅读的兴趣和爱好，怎么样？”

“好啊好啊，这样好。”同学们一致表态道，“我们先听再讲，等认识的字多了，再自己阅读。”

☆☆☆

故事中的男孩王景之所以不喜欢阅读，除了很多汉字不认识之外，也在于父母给他买的书并不是他感兴趣的内容。很多学生对电视、手机和游戏情有独钟，这是因为他们对这些东西感兴趣。他们如果能够对阅读产生兴趣，就会把更多的时间放在阅读上。所以，男孩应该在学习生活中培养自己的阅读兴趣。“兴趣是最好的老师”，当男孩对阅读产生兴趣后，在阅读的过程中就会产生乐趣，如此一来，阅读再也不会成为苦差事，而是一件轻松愉悦的事情。

要想培养自己的阅读兴趣，让阅读成为一种习惯，男孩需要注意以下几个方面：

首先，为自己营造一种良好的读书环境。俗话说，书香门第多才子，这就是环境的作用。我们如果生活在一个充满书香的家庭，每天都能接触很多书籍，自然而然就会喜欢看书、喜欢阅读。当然，如果家长都非常喜欢阅读，那么自己也会受到熏陶，爱上读书。所以，男孩可以建议父母多为自己买一些有益身心的书籍，或者建议父母和自己一起读书，这样可以更好地帮助自己培养阅读兴趣，养成阅读习惯。

此外，我们平时也可以去书店、图书馆等地方逛一逛，感受这些场合的读书氛围，融入这种阅读环境，久而久之，就会爱上读书，养成阅读的好习惯。我们还可以结交一些喜欢阅读的好朋友，并经常与他们进行交流。在这些朋友的带动下，我们也会养成热爱阅读的好习惯。

其次，阅读也要保证时间，而且应该每天都进行，不能三天打鱼两天晒网。即便每天只有半个小时的阅读时间，但日积月累后，我们也会有很大的收获。而且如果我们能够坚持下来，阅读就会成为我们的生活方式，让我们受益终生。

再次，阅读不能只是平日学习生活中的消遣，漫无目的的阅读算不上真正的阅读。所以，我们应该带着目的去阅读。或是感悟生活的美好，或是学习写作的技巧，或是汲取知识的甘泉等，带着目的去阅读，我们会有更多收获。

最后，阅读是一件很美好的事情，要想培养自己的阅读兴趣，让阅读成为一种习惯，就要尽早开始阅读，即便我们还有很多汉字不认识，也要大胆阅读，从小培养阅读兴趣。当然，我们在爱上阅读的同时，也要注意不沉迷于阅读，如果除了阅读没有其他爱好，我们就容易成为他人口中的“书呆子”。

英国散文家培根曾说：“读史使人明智，读诗使人聪慧，演算使人精密，哲理使人深刻，道德使人高尚，逻辑修辞使人善辩。”可见，无论哪个方面的书籍，只要我们多读，让阅读成为爱好和习惯，都能够受益终生。

提高阅读能力从快速阅读开始

微软公司创始人比尔·盖茨曾说：“所有的成功者都是阅读者，所有的领导者都是阅读者，阅读是我获取信息、赢得成功的最大秘诀！”可见，阅读对于一个人的成长和发展有很重要的意义。21世纪是个信息大爆炸的时代，人们的生活节奏加快，各种出版物也迅猛增加，如果我们依然采用传统的阅读方式来读书，就很容易被大量信息所淹没。而想获得更多信息和知识，就要加快阅读速度、提升阅读能力。所以，男孩想成才，就要在日常学习生活中努力提升自己的阅读速度，加大阅读量，汲取更多知识。

☆☆☆

许力力是个聪明的小男孩，今年刚上初中。

许力力十分喜欢看课外书，但他的阅读能力不高，一段课文或者文字他经常需要花费很长时间才能读通，尤其是在考试的时候，一遇到阅读理解类的题目，许力力就开始发愁了。

有一次语文测验中，老师增加了一道阅读理解的题目，让同学们阅读一篇短文后作答。由于阅读题目比较难，考试时间又很紧张，许力力感觉读起题来非常吃力。

可是他抬头看看其他同学，几乎都是“一目十行”，很快就读完了文章并用最快的时间答完了题，而许力力由于读题速度慢结果题还没读完考试就结束了。

他感觉十分难过，为什么他的阅读能力这么差呢？明明其他方面很出色，难道以后每次考试都要因为阅读题而丢分吗？

许力力越想越难过，最后忍不住掉下了眼泪。

☆☆☆

故事中的许力力本来很聪明，成绩也不错，但阅读速度很慢，平时读一篇文章就要花很长时间。由于阅读速度慢，每次做阅读题时他都非常紧张，也很苦恼，其他人都已经开始做题了，他却连文章都还没有看完。其实，很多男孩都有类似许力力这样的经历，他们的阅读速度较慢，导致看书和阅读习题的时间都比较长，这样既影响阅读量，也影响考试成绩。可见，提高阅读速度对我们的学习多么重要。

一般而言，很多男孩阅读时都采用传统的阅读方式，即一个字一个字地阅读，在这个过程中，我们的大脑在接收信息时很大程度上受到目光移动速度的限制，反应比较慢。我们在采用传统的阅读方式时，信息要经过听觉、语言和视觉三个中枢系统，所以大脑对文字的处理很慢。

要想提高阅读能力，首先要提升阅读速度、扩大阅读量，只有速度提高了，我们才能在此基础上综合提升阅读能力。要加快阅读速度，就要改变传统的阅读方式，把逐字阅读发展为一目多行阅读，让眼睛和大脑接收更多信息。

☆☆☆

魏书十分喜欢读书，也是读书的小能手。他总是能在同样的时间里看到比他人多的内容。

班里有很多同学好奇他是如何做到的。

同桌也向他请教：“你怎么阅读得那么快呢？”

“我用的是快速阅读的方法。”魏书说，“如果不是需要重点阅读的内容，从来都是快速浏览一遍，这样就能读得很快了。”

“可是，怎么才能读得那么快呢？我们就做不到。”同桌苦恼说道。

魏书说：“要加快读书速度，有很多方法，我用得最多的就是一目十行的方法。对于不需要逐字逐句阅读的书籍，我会通过一目十行的方式掌握书中的主要内容。要看文中重要的句子段落，忽略无用的修饰性句子，以了解文章内容结构为主要目的。这种方法能大幅度加快阅读速度。”

“这样看有效果吗？”

“当然，一开始采用这种方法的时候，可能会看完一页不知所云。但可以多练习、多训练，慢慢就会习惯，并且提高阅读速度，等阅读速度提高了，阅读能力自然也能大幅度提高。”

“谢谢你魏书，我会去和同学们说，让他们试一试这种方法的。”同桌笑道。

魏书也开心地说：“这只是其中一种方法，如果觉得不合适，你们也可以尝试着找一找适合自己的提高阅读能力的方法。”

“嗯，我们会的。”同桌郑重地点了点头。

☆☆☆

故事中的魏书在看书时，同样时间内总是比其他同学看得更多，因为他采用了快速阅读法。当其他同学逐字阅读时，他却一目十行，而且掌握了文章的主要信息和大致内容。起初他在采用这种阅读方法时也遇到了一些困难，比如看完一页后根本没有抓住主要信息，但多加练习后，这种情况逐渐改善了，他的阅读能力也越来越强。

提升阅读速度的方法有很多，每个男孩都可以根据自身的特点，寻找一种或者几种适合自己的快速阅读法。常见的快速阅读法有以下几种：

第一种，默读法。我们都知道，朗读和默读有很大的区别。实验证明，朗读时，我们平均每分钟可读200字左右；而默读时，平均每分钟可读1 000字左右，差距非常大。所以在阅读时，我们要克服有声阅读，养成默读的习惯。

第二种，整体阅读法。很多男孩在阅读时习惯逐字阅读，这样不但影响速度，还会影响对书中内容的记忆和理解。如果我们对文章或者书籍先有一个整体的认识，掌握其文章结构，就可以提升阅读速度，而且也有利于我们对文章内容的理解。

第三种，浏览法。在阅读时，我们所看的内容不应是一个字或者一个词，而是一句话、一行字甚至更多。这种方式更适用于了解文章的大意，比如在图书馆、书店等地阅读时，我们采用浏览的方式进行阅读，可以大大提升阅读速度，扩大信息量；在阅读小说、报刊等故事性较强、内容较简单的文章或者书籍时，采用这种方式也非常有效。

第四种，扫描法。这种方法是在浏览法的基础上，对信息量加大的内容进行阅读的方法，其目的是从中找到我们需要的信息，比如数据、生字词、观点等。采用这种阅读方法时，我们要将视角扩大，一目一段、多行甚至一篇，快速扫视，这样速度会更快。

此外，还有跳读法、提问法等，只要多加练习，都可以帮助我们有效提升阅读速度，获取大量信息和知识。

用泛读扩大知识面

阅读方式大致分为两种：一种是精读；另一种是泛读。精读，也就是对文章、书籍进行精细、认真的阅读，而且逐字逐句研究，力求对文章的含义进行深入理解；而泛读是广泛的、不带明确目的的一般阅读。精读可以帮助我们加深对一篇文章或者一本书的理解和记忆，而泛读可以帮助我们拓宽知识面，培养阅读兴趣。鲁迅非常喜欢泛读，他觉得读书就应该“随便翻翻”，翻到哪儿就看到哪儿，这样更能激发读书的兴趣。如果想拓宽知识面，男孩可以尝试使用泛读的方式，长期坚持，能够产生惊人的效果。

☆☆☆

田勇尚从小就喜欢阅读，但是他只喜欢看关于军事方面的书，对其他方面的课外读物没有兴趣。

这使得田勇尚虽然读的书多，但知识面很窄，很多常识性的知识反而一窍不通。

有一次，田勇尚在班级里做值日，他在拖地的时候，拖布的头突然掉下来了。他本打算把拖布扔掉，但是，转念一想，这个新拖布还没有用过几次就扔掉，会不会太可惜了。就在他犹豫的时候，一起做值日的男孩肖乐乐走了过来。

了解情况之后，肖乐乐二话没说，就从班级的工具箱里拿出了一大堆的工具，坐在地上修起了拖布。

“你懂得真多啊！”田勇尚夸赞道。

肖乐乐笑了笑，说道：“只是看的书多一些，了解一些基本的修理工具的方法而已。”

“我记得你对园艺也很了解，难道你平时也看园艺方面的书？”田勇尚问道。

肖乐乐点头说道：“对啊，我看的书比较广泛，了解的知识也比较杂。”

“可惜我对这些不感兴趣，我只喜欢军事方面的书，如果你问我关于军事方面的知识，我肯定都能回答出来。”田勇尚自豪地说道。

“但我还是觉得咱们现在读书杂一些比较好，这样能拓宽知识面，可以懂很多知识呢。”肖乐乐说道。

“但我就是不喜欢读那些书，没办法啊。”田勇尚无奈地回答道。

☆☆☆

故事中的田勇尚和肖乐乐在阅读方面采取了两种不同的方式，田勇尚只阅读军事方面的书籍，而肖乐乐则广泛涉猎，各种书籍都看一些。久而久之，两个男孩的知识量就产生了差距。田勇尚只对军事知识比较了解，对其他的知识，包括常识性知识都一窍不通；肖乐乐的知识面则非常广，即便是日常生活用品的修理，也能略懂一二。可见，泛读对我们的学习和成长非常重要。

泛读追求的是广泛涉猎各种知识。采用这种阅读方式可以拓宽我们的知识面，让我们对生活、学习有更多了解，成长过程也更加充实、快乐。鲁迅曾说：“如果只看一个人的著作，结果是不大好的，你得不到多方面的优点。必须如蜜蜂一样，采过许多花，才能酿出蜜来，倘若叮在一处，所得就非常有限和枯燥了。”所以，男孩在日常学习生活中，要多采用泛读的方式，广泛涉猎各种书籍、文章，努力拓宽自己的知识面。

事物总是有两面性，泛读也是如此。这种方式虽然可以帮助我们拓宽知识面，但由于阅读过程比较快，而且目的性不强，因此读过之后印象可能不太深刻，所以，并非所有的文章和书籍都可以采用泛读的方式来阅读。对于一些比较深奥的文章，或者一些经典的书籍，我们还是要采用精读的方式来阅读。

☆☆☆

贝贝从小喜欢读书，但他只喜欢读自己感兴趣的类型，可他又羡慕那些阅读广泛、知识面广的同学。

他去问一个同学如何拓宽知识面。

同学告诉他："泛读啊。广泛阅读，这样就能了解很多方面的知识，自然就会懂得多，拓宽知识面啦。"

"但是我不喜欢看历史类的书，一看这类书就想睡觉。"贝贝苦恼地说。

"嗨，这算什么问题。"同学说，"我一开始什么书都不爱看，不喜欢阅读，但是我很喜欢踢足球，也喜欢那些球星，所以我就开始看关于足球和球星的书。有一天，在读一本关于我最喜欢的一位球星事迹的时候，我看到那个球星很喜欢研究历史，他还推荐了几本有趣的历史书，我就试着读了读，没想到真的很有意思，从此我又爱上了读历史类的书。后来我又喜欢上一个历史人物，这个历史人物很喜欢园艺，我也跟着看起了园艺相关的书……直到现在，由于我读的书太多太杂，知识面真的拓宽了不少，也更喜欢读书了。"

贝贝听完后，若有所思，原来还可以根据自己的喜好来培养泛读的爱好，逐渐增加知识面啊。

☆☆☆

故事中的贝贝只喜欢读自己感兴趣的书，但是他又很羡慕能够广泛涉猎的同学，所以就向这些同学请教泛读的方法。在这一过程中他了解到，原来泛读可以根据自己的喜好来培养。在日常学习生活中，男孩也可以根据自己的喜好来读书，广泛阅读与自己的喜好相关的文章和书籍，然后逐渐拓展知识面。

其实，泛读的方法有很多，男孩可以根据自己的需求选择几种适合自己的泛读方式。常用的泛读方式包括以下几种：

第一种，粗略阅读，即对文章或者书籍进行大致了解，并非从头至尾地阅读。比如，在读一本书时，我们可以直接看这本书的目录、内容介绍、章节导语等，从而对书中的内容进行大致了解。采用这种泛读方式时，要善于抓住关键的词句，这样就能掌握文章大意。

第二种，选择阅读，我们在阅读一篇文章或者一本书时会发现，其中很多内容我们都不需要了解，为了节省时间，我们可以从中选择有用的部分进行阅读。此外，在读同一类书籍时，我们也可以选择先阅读重要的、经典的著作，再读普通的著作。

第三种，补充阅读。有时为了更加充分地了解一类知识，我们不能只阅读其中一本，可以尝试把几本书放在一起补充阅读，这样既节省时间，又可以保证知识的全面性。

第四种，猜测阅读。阅读文章和书籍时，我们经常遇到各种不理解的词句，如果采用查找工具的方式对其进行理解，就会耽误时间，而且我们也无法做到随时带着字、词典。这时，我们可以采取猜测阅读法，对文章的上下文进行阅读，然后猜测其内涵，这样能提升阅读速度。

阅读能力的培养绝不是一蹴而就的，而要经过长时间的艰苦练习，即便是要求不高的泛读，我们也要在日常学习生活中不断练习和积累。养成泛读的习惯后，我们才可以逐渐提升阅读能力，拓展知识面。

养成边读边记的好习惯

有的男孩读了很多书，但印象很浅，有时再次拿起曾经读过的书，仿佛是在看一本从未谋面的新书，而且当他们写作文时，也难以想起应该使用的词语和句子。究其原因，是因为读书时没有养成边读边记的好习惯。

读书是我们汲取知识的重要途径，除了好读书之外，我们还必须会读书。怎么读书才称得上是会读书呢？古人说：不动笔墨不读书。这是在告诉我们，读书时除了要用眼睛看以外，还要用笔做记录，这样才能强化记忆、锻炼思维。所以，我们在读书时要边读边记，把有用的信息标记、记录下来，这样可以提升阅读能力。

☆☆☆

有兄弟两个都很聪明，也很喜欢读书，但学习成绩却相差很大，尤其是文科方面的知识，哥哥掌握得更加扎实。

这是为什么呢?

原来,哥哥一直有一个很好的阅读习惯,那就是读到精彩的文章或段落时,喜欢抄写,这样一来,哥哥的记忆力提高了很多,阅读能力也十分出色,简单的知识基本过目不忘,难一点的内容抄写两遍后也能一字不差地记忆下来。

但弟弟一直觉得自己很聪明,从不认真阅读书籍,更不会辛苦地去抄写文章。

哥哥经常劝弟弟:“好记性不如烂笔头,你如果能在阅读的时候,一边读一边记,成绩肯定会超过我的。”

弟弟却不肯这样辛苦,经常说:“我多读两遍也一样能记住,哥哥只是侥幸而已,以后我肯定会超过哥哥的。”

虽然这样说,但弟弟从没有多读过两遍书,每本书基本上都只看一遍就再也不看了。

☆☆☆

故事中的兄弟俩都很喜欢读书,但由于读书习惯不同,他们收获的知识量也就不一样。哥哥养成了边读边记的好习惯,经常把精彩的文章和段落抄写下来,久而久之,记忆力和阅读能力都得到了提高;而弟弟自以为聪明,从不认真阅读书籍,也不动笔做读书笔记,阅读能力当然无法得到提升。

除了提升阅读能力和记忆力外,养成边读边记的习惯还有很多好处。例如,帮助我们掌握文章内的关键知识;有助于积累各种词汇、句型以及写作方法,帮助我们提升写作能力;可以拓展知识面，提高我们的分析能力等。

边读边记虽然有很多好处，但并非适用于所有学生。比如，低年级的学生读书时就要少动笔，因为低年级的学生注意力不够集中，记笔记的能力也较弱，边读边记不但分散注意力，而且笔记做得也不理想，得不偿失。

中高年级的学生可以尝试边读边记的方式，在读书的过程中，把自己的想法、感悟等及时记录下来，既能加深对文章的理解，也可以提升记忆力和阅读兴趣。

☆☆☆

刘超是班上的模范生，尤其是他写的作文，每次都是老师阅读的范文。

同学们都很羡慕他，他的好朋友李鹏也很羡慕他。

有一天，李鹏问他："为什么你能写出那么优美的文章？"

"因为我读的书多啊，知识面和词汇量增加了，自然就会把这些掌握的知识运用到我写的文章中，优美的词句用多了，你们才会觉得我写的文章很出色吧。"

"可是我也看很多书啊，我觉得咱们俩的阅读量差不多，但我就没你这么出色的表现啊。"李鹏很纳闷。

刘超想了想，拿出了一样东西，说道："可能是因为我在阅读的过程中比你多做了一件事情吧。"

刘超拿出来的是一个厚厚的笔记本，他打开笔记本，说："这里面都是我平时阅读的时候摘抄的名词、名句和一些意境优美的段落。我喜欢一边阅读一边把这些优美的词句摘抄下来，这样在我用到这些词句的时候，只需要打开这个笔记本就可以了，不用再去通读以前读过的书籍。”

“原来是这样。”李鹏恍然大悟，“我也要准备一个摘抄本。”

☆☆☆

故事中的刘超养成了边读边记的阅读习惯，他在读书时，发现一些名词、名句，或者意境优美的段落，就会摘抄下来，并做进一步的研究，加深对这些词、句、段落的理解。在写作文时，他经常翻阅自己的读书笔记，也恰当地使用了其中的内容，所以写作水平比其他同学要高很多。

那么，在边读边记的过程中，我们应该怎么做呢?

首先，要把自己不认识的生字词抄写下来，然后查找字、词典进行理解，这样能够提升自己的汉字和词语积累量。特别是低年级的学生，读书时经常遇见生字词，如果不加以抄写、理解，就很难记住它们。

其次，可以在文中做一些简单的勾画。我们在阅读时，总会遇到一些很难理解或者比较有趣的内容，我们可以一边读一边用笔进行勾画，这样可以提升阅读激情，加深对内容的理解。

再次，可以在文中做批注。鲁迅先生曾说，读书就要做到“五到”，也就是“眼到、口到、心到、手到、脑到”，而做批注就集中了其中“四到”。我们读书时，可以对一些词汇、句子、段落进行思考，这就完成了“眼到”、“心到”和“脑到”；思考结束后，我们可以把自己的理解、感悟、联想等写在相关内容的旁边，这就做到了“手到”。集中这“四到”后，我们就会对文章有更深入的认识。

最后，还可以做读书笔记。我们应该专门准备一个笔记本做读书笔记，当看到一些好词、好句、好段时，可以将其摘抄进笔记本里，然后平时对笔记本中的内容进行阅读、分析、学习，久而久之，也就掌握了更多词汇和写作的手法，这对提升写作能力很有帮助。

巧妙地使用边读边记的阅读方式，能够在提升阅读能力的同时，给我们的学习生活带来更多乐趣。所以，男孩要在日常学习生活中养成边读边记的好习惯。

经典著作要反复阅读方知真谛

在读一些经典名著时，我们总会清醒地看到自己的缺陷，也总能感受到一些美妙的体验。这是很多普通的书籍无法给我们的财富。有的人读书并不多，但喜欢把经典著作进行反复阅读，而且无论什么时候阅读，都会有很多收获。所以，在日常学习生活中，我们要多读一些经典著作。

☆☆☆

刘天天从小酷爱读书，他收藏的书籍很多，有一天，他邀请同学们去他的藏书室读书。

同学们来了之后，看到他收藏的书籍装满了整个屋子的书架，但是大部分书籍还十分的新，好像很少有人来看。

“这些书你都看过了吗？”同学问道。

刘天天摇摇头，说道：“怎么可能，这里的书有这么多，我只看了其中很少的一部分。”

“那你这本书看过了吗？讲的是什么？”同学拿出一本书问道。

刘天天看了看，觉得眼熟，好像是一部挺经典的书籍，但怎么也想不起里面的内容了，就不确定地说道：“应该看过了吧，但是我不太记得是讲什么的了，可能需要看一看里面的内容。”

说着，他把书接过来，看了两眼，依旧摇起了头，“好像没印象了，但这边这些书应该都是我看过的。”

“看过的你还不知道讲的是什么？骗人的吧。”同学觉得他肯定是在撒谎，这里面的书这么多，刘天天肯定是为了炫耀才说自己读过的。

“我才没有骗你们，我看书只看一遍，一遍哪记得住讲的是什么。”刘天天焦急地解释，但是同学们并不听，收拾自己的书包走了。

第二天，学校里就传出刘天天买了一堆书只炫耀却从没看过的谣言，气得刘天天直跺脚。

☆☆☆

刘天天的家里有很多经典著作，他也看过其中的一部分，可是每次都只是粗略地看一遍，对书中的内容记忆不深，所以当同学问他某一本书中的内容时，他根本想不起来。为此，刘天天还被同学们嘲笑。所以，看书时我们应该认真一些，特别是看经典著作时，更要精读、反复读，这样才能加深印象，汲取更多知识。

经典著作应该多读，但什么书才能被称为经典著作呢？有人认为，经典著作就是影响力很大、经久不衰的作品；有人认为，经典著作是受大众喜爱的作品；还有人认为，经典著作是某一领域内的权威之作；意大利文学家卡尔维诺则称：经典著作是“我正在重读”，而不仅仅是“我正在读”的作品。可见，经典著作有三个特点，即被人们广泛接受、具有历史意义、影响力较大。阅读这样的作品，能够给我们带来以下益处：

第一，可以汲取很多有价值的知识。我们想在有限的时间内掌握更多有价值的知识，最便捷的方式就是阅读经典著作，因为这些作品是作者经过多年的思考、实践创作而成的，包含了其思想和人生智慧。

第二，可以陶冶情操，形成高尚的人格。阅读经典著作其实就是与作家和智者进行对话，从而认识人间的真假、美丑和善恶，养成高尚的人格。

既然阅读经典著作有如此多的好处，我们应该如何品读，才能有更多收获呢？

☆☆☆

岳岳很喜欢看世界名著，但是因为这些名著篇幅都比较长，所以岳岳通常只读一遍就把书放到一边不再读了。

这样的阅读效果肯定不是很好。

这一天，岳岳听到同班几位同学在学校谈论自己读过的书，他听到一些书名也是自己读过的，就凑了过去，谁知道却怎么也插不进嘴。

他听书名明明是读过的，但对于书中的人物和内容却很模糊，为什么同学们都记忆那么深刻呢？

找到一个机会，岳岳把自己的疑问问了出来。

同学笑道："这本书我读了四五遍，肯定记得清楚啊。"

"对啊，对啊，我也读了好几遍呢。"另一个同学也说。

同学告诉他："像这些经典名著，我都会多读两遍，因为写得实在是很精彩，每次阅读都有不一样的体会，只读一遍不仅记不住书中的内容，理解的东西也会少很多呢。"

岳岳听后十分后悔自己没有把这些名著多读两遍，于是决定以后不管是经典名著还是普通书籍，只要觉得有阅读价值，就要多读两遍。

☆☆☆

岳岳经常看世界名著，但由于阅读方式不对，他对书中的内容印象很浅。同学们告诉他，经典著作应该反复阅读，而且每一次都要精读，这样才能有更多收获。古人说："书读百遍，其义自见。"读经典著作更是如此，只有反复阅读，我们才能找到其中的真谛。

在反复阅读经典著作的过程中，我们还应该注意一些细节问题。一是，要带着思考和疑问阅读。明代思想家陈献章曾说："学贵有疑，小疑则小进，大疑则大进。”只有带着思考读书，才能发现更多问题，在解决这些问题的过程中，我们也会有更大的进步。二是，一定要做读书批注或者笔记。经典著作中包含很多内容和理论，如果我们不认真做批注或者读书笔记，就会错失很多重要信息。三是，要写读后感。读完一本经典著作后，我们要及时写一篇读后感，阐述自己对著作的真实感受，而在写读后感的过程中，我们就会与作品产生共鸣，从而获得人生智慧。